国家自然科学基金面上项目成果
（项目编号 71974012、71774015）

HIGHER EDUCATION RESEARCH:
PAKISTAN

巴基斯坦
高等教育研究

刘进 赵坤 等 编著

北京理工大学出版社
BEIJING INSTITUTE OF TECHNOLOGY PRESS

版权专有　侵权必究

图书在版编目（CIP）数据

巴基斯坦高等教育研究 / 刘进等编著. —北京：北京理工大学出版社，2022.4
ISBN 978-7-5763-1242-3

Ⅰ.①巴…　Ⅱ.①刘…　Ⅲ.①高等教育–研究–巴基斯坦　Ⅳ.①G649.353

中国版本图书馆CIP数据核字（2022）第060192号

出版发行 / 北京理工大学出版社有限责任公司
社　　址 / 北京市海淀区中关村南大街5号
邮　　编 / 100081
电　　话 /（010）68914775（总编室）
　　　　　（010）82562903（教材售后服务热线）
　　　　　（010）68944723（其他图书服务热线）
网　　址 / http://www.bitpress.com.cn
经　　销 / 全国各地新华书店
印　　刷 / 三河市华骏印务包装有限公司
开　　本 / 710毫米×1000毫米　1/16
印　　张 / 9
字　　数 / 122千字
版　　次 / 2022年4月第1版　2022年4月第1次印刷
定　　价 / 68.00元

责任编辑 / 徐艳君
文案编辑 / 徐艳君
责任校对 / 周瑞红
责任印制 / 李志强

图书出现印装质量问题，请拨打售后服务热线，本社负责调换

《巴基斯坦高等教育研究》编委会

主　编：刘　进
副主编：赵　坤　汪　滢
编　委：刘　进　赵　坤　汪　滢
　　　　沈佳培　刘子乔　李新宇
　　　　李岳璟　彭　凤　葛　浩

前　言

高等教育对外开放是我国改革开放事业的重要组成部分，也是人类命运共同体建设的重要内容。在当今纷繁复杂的国际形势下，高等教育面临着一系列新压力、新挑战。在重大危机面前没有谁能够独善其身，各国是休戚与共的命运共同体，团结合作是应对挑战的必然选择。教育交流合作的意义和作用远远超过了教育本身。在新的对外开放形势下，高等教育国际交流合作要坚持扎根中国与融通中外相结合，以更加开放合作的姿态应对全球共同威胁和挑战。

"一带一路"倡议下的高等教育国际交流合作是实现共商共建共享，促进"民心相通"的关键所在。"国之交在于民相亲，民相亲在于心相通。""心相通"的深层基础是文化、关键在教育。目前，我国专家学者对"一带一路"国家高等教育研究比较少、成果积累有限、研究时效性缺乏，尤其是对"一带一路"沿线国家高等教育历史、现状与趋势，教育制度、政策与体系，人才培养体制与入学制度，教育国际交流与合作等缺乏比较研究，无法有效支撑"一带一路"沿线国家高等教育研究和实践活动。

2015年至今，本项目团队聚焦"一带一路"沿线国家高等教育，持续开展系统研究，形成立体化研究成果，部分弥补了国内研究不足。一是系统梳理各国教育体系。逐一展开对"一带一路"沿线国家教育制度、对华联系、招生考试等专题研究，已发表学术论文70余篇，出版"一带一路"高等教育研究系列专著6部。二是聚焦"一带一路"沿线国家人才流动、招生质量、大数据库建设等关键议题，通过承担科研项目积极发挥智库作用。先后主持2项国家自然科学基金面上项目、6项省部级项目，绘制形成64国学生流动图谱，长线追踪高质量生源流动轨迹。三是搭建平台举办系列学术会议。2015年创立"一带一路"高等教育研究国际课题组，以国际课题组为平台，组织召开了5届"一带一路"高等教育国际会议，已成为全球范围内举办时间最早、系列化程度最高、学术影响最大的"一带一路"高等教育研究会议之一。四是成立"一带一路"教育大数据研究中心，成为面向"一带一路"沿线国家、以大数据为主要研究方法的国别和区域研究中心，基于大数据平台开展各类纵贯研究。

为进一步推进"一带一路"沿线国家高等教育研究，自2021年起，本项目团队在北京理工大学国际交流合作处、教务部、研究生院、留学生中心、科学技术研究院等相关部门和北京理工大学出版社的大力支持下，计划陆续推出《"一带一路"高等教育合作研究丛书》和《"一带一路"高等教育国别研究丛书》2套丛书。《"一带一路"高等教育合作研究丛书》主要以"一带一路"沿线国家高等教育为研究对象开展合作比较研究；《"一带一路"高等教育国别研究丛书》是以国家为单位，分册介绍"一带一路"沿线64国的高等教育概况。

本书是《"一带一路"高等教育国别研究丛书》的第一本图书，从多个方面系统介绍了巴基斯坦的高等教育概况及其与中国的高等教育交流和合作。本书可以作为我国来华留学生教育管理工作者和计划赴巴基斯坦留学的学生和家长们了解生源国和留学目的地国的高等教育概况以及高等教育分类、大学录取和入学考试制度、人才培养模式和质量、毕业就业情况、代表性大学介绍和排名、与中国交流合作开展情况等的参考书，同时也可作为高等教育研究人员开展"一带一路"沿线国家高等教育研究的基础素材。本书由刘进、赵坤主编，由编写小组集体完成。编写组成员包括汪滢、沈佳培、刘子乔、李新宇、李岳璟、彭凤、葛浩，在此表示衷心的感谢。

由于水平有限，时间仓促，本书中应该还存在一些不足，敬请专家学者和读者朋友不吝指教。

编著者

2021年10月

目录

第一章 巴基斯坦高等教育的历史沿革 ············· 001
  第一节 现代高等教育体系的建立与早期探索 ········ 001
  第二节 教育国有化与后续发展 ··············· 016
  第三节 21世纪高等教育的改革与发展趋势 ········· 043

第二章 高等教育系统的机构与体制机制 ············ 048
  第一节 高等学校的类型结构及其特征 ············ 048
  第二节 各高校、科研机构的师资规模 ············ 053
  第三节 高等教育的管理体系 ················ 059

第三章 巴基斯坦代表性大学介绍 ················ 067

第四章 巴基斯坦高等教育宗教专题 ··············· 077
  第一节 巴基斯坦宗教教育起源与变革 ············ 078
  第二节 宗教教育机构基本概览 ··············· 081
  第三节 宗教教育问题的复杂性 ··············· 085

第五章 巴基斯坦高等教育女性专题 ··············· 094
  第一节 阻碍女性高等教育的几大因素 ············ 094
  第二节 为女性发声——诺奖得主马拉拉 ·········· 098
  第三节 女性教育的发展道路 ················ 101

第六章 巴基斯坦高等教育的全球比较 ·············· 107
  第一节 与中国的比较 ···················· 107
  第二节 与其他"一带一路"沿线部分
      亚洲国家的比较 ················ 109

第七章 中巴高等教育的交流与合作 ··············· 113
  第一节 留学教育热潮的兴起 ················ 113
  第二节 中巴高等教育机构的合作 ·············· 117
  第三节 职业技术教育合作 ················· 118

第八章　巴基斯坦高等教育对中国的启示与省思 …………………… 123
　　第一节　殖民与自主 …………………………………… 123
　　第二节　集权与分权的结合 …………………………… 126
　　第三节　教学与科研的统筹 …………………………… 127
　　第四节　组织变革与高等教育发展模式的反思 ……… 130

第一章　巴基斯坦高等教育的历史沿革

第一节　现代高等教育体系的建立与早期探索

一、巴基斯坦高等教育的起源与建国初期概况

巴基斯坦也称为巴基斯坦伊斯兰共和国，其国内教育的历史可追溯到公元 7 世纪伊斯兰文化在印度次大陆的兴起。早期巴基斯坦的学校以传授伊斯兰《古兰经》为主，以人文社科和科学技术为主要载体的现代高等教育并未自发产生。18 世纪初以来，印度半岛沦为英国殖民地。1813 年，英国议会通过了东印度公司特许状法，标志着殖民政府开始负责印度半岛教育事业。英国政府在印度半岛推行英国化教育政策，兴办西方教育，带来了近代英国的最新高等教育发展成果和管理体系，客观上推动了半岛高等教育的现代化，同时也为巴基斯坦的高等教育打下了极深的英国烙印。

英国政府高度重视高等教育，于 1840—1850 年在英属印度创办了

一批近代学校和学院。1854年，议会监督局主席查尔斯·伍德根据教育发展状况调查，就进一步改进教育提出了著名的《伍德教育文件》，其主旨在于建立完整的教育体系，从而奠定了英属印度教育制度未来发展的基础。1857年，殖民者参照当时伦敦大学的模式，在加尔各答、马德拉斯和孟买分别建立了三所研究型大学，印度半岛现代大学制度由此发端。在此期间，大学只是一个纯粹的考试机构，只负责规定考试课程并接收附属机构培养的学生参加考试，与其说是教学的场所，不如说是检验在别处所受教育的价值的一种手段。直到后来，大学才逐渐发展成为教学型大学，被授予了一定的自治权，同时负责管辖高等教育、学院及附属教育机构。

按照当时的英国法律，大学具有传播知识、文化和政治的职能，其负责将印度教育与欧洲文明联系起来，传播英国和欧洲特有的文化价值观，并为政府培养职员、官员和政治合作者。英国殖民者的教育政策象征着英印文化关系中极端不对称（Radical Asymmetry）的兴起，其基本文化在决定、塑造的同时也限制了英属印度大学的发展。在这一环境下，印度半岛高等教育具有以下几种特质：政府从一开始就在大学的创建和管理中发挥着强大的作用，官僚文化对大学的运行产生了显著的影响；私立教育部门在高等教育中占主导地位；私立和公立教育部门之间的关系的特点是合作而不是冲突；私立教育部门负责建立印度的学校和学院，并负责管理69%的学校和65%的学院，在塑造印度高等教育方面发挥了重要作用；民族主义者、教派运动和种姓社会是私立教育部门建立教育机构的主要贡献者。

英国政府统治期间，殖民者在英属印度共建立了21所大学，其中仅有一所大学在今巴基斯坦境内，即成立于1882年的旁遮普大学（University of the Punjab），位于拉合尔市。它是南亚次大陆上第一所在穆斯林聚居区创办的大学，经过百余年办学历程，现已成为巴基斯坦历史最悠久、规模最大的高等学府，为其他大学的建设提供了参照，在巴基斯坦的高等教育中起着重要作用。旁遮普大学建校之初拥有巴基斯坦除南部信德地区外的教育管辖权，而信德地区则附属于孟买大学。

1947年8月13日印巴分治，巴基斯坦成为一个独立的主权国家，巴基斯坦高等教育进入发展的新时期。沿袭自英国的教育制度服务于殖民者自身的既得利益，背离了本民族的文化传统，也不适应社会经济建设的需要，因此巴基斯坦高等教育事业走上了独立自主的发展轨道。1947年4月3日，由于独立后信德地区的高等教育已不适合再附属于印度孟买大学，政府在艰难的条件下建立起了信德大学。信德大学位于巴基斯坦南部经济较为发达的信德省首府卡拉奇市，这是由巴基斯坦人民独立自主创办的第一所大学，其成立也反映了巴基斯坦独立自主发展高等教育的坚定决心。

作为一个新生的国家，巴基斯坦面临着许多严重的问题，包括边境防御与地域纠纷，国内经济落后与资产分配，以及大量难民涌入等。在独立之初，该国的教育状况极为落后，基础教育入学率为19%，识字率仅为13%，教育可用预算总计仅为3 000万卢比。在高等教育方面，如表1-1所示，当时巴基斯坦实际运作的大学只有两所，即旁遮普大学和新建立的信德大学；这两所大学还包含17所职业学院和42所非职业学院（艺术、科学与商业类），其中为女性开放的只有5所。尽管存在这些问题和障碍，但巴基斯坦政府在成立后，便立即致力于将教育导向正确的方向，承诺重建和实现与巴基斯坦主权独立社会相符合的教育体系，使之符合意识形态的愿望、社会经济的考虑和科学技术的需要。

表1-1　建国初期巴基斯坦高等教育机构数量与入学人数

高等教育机构	数量/所	入学人数/人	女学生入学人数/人
大学	2	644	56
职业学院	17	4 368	327
非职业学院	42	13 500	1 100

二、1947年巴基斯坦教育会议

为了制定巴基斯坦未来教育的发展蓝图，1947年11月，"巴基斯坦国父"穆罕默德·阿里·真纳在卡拉奇召开了巴基斯坦教育会议（The Pakistan Educational Conference），会议遍邀来自全国各地的政治领导人、学术专家和教育家。穆罕默德·阿里·真纳在他写给会议的信中提道："……迫切需要为我们的人民提供科学和技术教育，以便提升我们的经济生活，并且我们的人民要逐渐开始从事科学、商业、贸易等行业。我们不应忘记，我们必须与朝着这个方向快速前进的世界竞争。与此同时，我们必须建立我们下一代的特征。我们应该通过健全的教育，向他们灌输最高的荣誉感、正直、责任和为国家无私奉献的意识。我们必须看到他们完全有资格并有能力在国家生活的各个部门中发挥自己的作用……"这一指导方针，直接或间接地成为迄今为止巴基斯坦所有后续教育政策的基石。

经过公开讨论，会议成立了不同教育领域的临时委员会来审议和报告议程的相关项目。临时委员会包括：科学研究和技术教育委员会、成人教育委员会、大学教育委员会、小学和中学教育委员会、女性教育委员会、表列种姓和落后阶级教育委员会，以及文化关系委员会。

时任巴基斯坦教育部部长的法祖尔·拉赫曼作为会议主持人，特别提到了高等教育在促进社会发展、民主和科学研究方面的作用，并提出了未来的行动方针。他说："高等教育旨在创造精英阶层，这决定了我们文明的质量，且将指导和规划我们的国民生活，这一领域迫切需要进行大刀阔斧的改革。我们必须尽一切努力防止高校漫无目的的偏移，以及缺乏选择性原则所涉及的巨大浪费。特别是大学应该不再仅仅以廉价的形式作为知识的机械提供者，它们本质上是促进学习的家园，在提高社会的道德和知识基调方面，以及在人类发展的无限可能性展开之前，可以发挥至关重要的作用。"

在他的倡导下，大学教育委员会作出了以下提议：

（1）巴基斯坦的教育制度应受到伊斯兰教意识形态的驱动，教育思想应以伊斯兰教的人类兄弟情谊、社会民主和社会正义的观念为基础，穆斯林学生必须遵守宗教指示；

（2）成立一个具有自治权的机构——巴基斯坦大学校际管理委员会（Inter-university Board of Pakistan），负责维护教学与考试标准，协调研究与活动，促进大学之间的交流与合作；

（3）成立巴基斯坦教育咨询管理委员会（Advisory Board of Education for Pakistan）；

（4）提供所有阶段的强制性体育锻炼和高等教育期间的义务军事训练；

（5）乌尔都语在学校为必修语言；

（6）建议在所有教育机构中尽可能广泛地使用媒体；

（7）可以建立巴基斯坦学院。

这些提议都得到了会议的采纳。会议还通过了与高等教育有关的科学研究和技术教育委员会的提案，主要提议如下：

（1）应立即采取措施，通过扩大现有机构或设立新机构，改善采矿和石油工程、海洋工程、化学工程与技术、电力工程、航空、纺织技术、地质研究和燃料技术等技术部门和工程部门的不足之处。

（2）巴基斯坦现有的基础研究设施严重不足，因此必须采取以下措施，进行改善和扩展：

a. 向从事基础研究的各大学和机构提供充足的研究经费；

b. 建立研究奖学金；

c. 如有必要，从外部任命知名科学家，以指导研究；

d. 为现有科研机构的科研人员提供出国条件，并组织专门的研究培训。

（3）中央政府应设立科学与工业研究代表会，以促进、培养、规划、资助和监督科学和工业研究，以便尽可能充分地利用国家的经济资源。

（4）政府应在资金允许的情况下在英国和美国以及其他国家设立科学联络处。

（5）政府机构在国外订购机器或供应品时，应在合同条款中规定一项条件，即在这些国家培训一定数量的学生。

此外，为了在社会边缘化群体中实现公平待遇，会议提出了建立女子学校的倡议，并以为边远地区学生提供奖学金的形式制定了奖励措施；提供教师在职综合培训以提高教学质量；鼓励私立教育与职业培训；制订了巴基斯坦与其他国家之间的学生和教师交流计划等。

这次会议对巴基斯坦的教育产生了深远的影响，推动了巴基斯坦现代高等教育体系的形成，其中的一些教育思想和会议精神仍体现在巴基斯坦现行教育体系中。

三、六年国家教育发展计划（1951—1957[①]）

1951年，巴基斯坦政府教育部部长法祖尔·拉赫曼在卡拉奇召开了教育咨询管理委员会、校际管理委员会和技术教育代表会的联席会议，确定为巴基斯坦制订"六年国家教育发展计划"（Six Year National Plan of Educational Development）。

会议确定了发展教育任务所面临的主要问题和制约因素。当时，巴基斯坦国内大多数的教育机构是由非穆斯林拥有和管理的，建国以来这些人纷纷前往印度，缺乏财政支持导致这些机构必须重建；大多数教师也是非穆斯林，对他们的再教育给中央和省级政府造成了严重的压力。因此，大学缺乏训练有素的教师，教学部门的差距仍然存在。除此之外，教学课程的缺陷，以及对校舍、教具、科学设备等的需求等，也亟待解决。

中央和省级政府一直致力于制定合适的教学大纲。当时巴基斯坦国内已经出版了新的教材，乌尔都语已成为全国教育机构的教学语言（在信德省和东孟加拉省，当地语言成为教学语言，但乌尔都语是这些省份的必修科目）。英语仍然是当时大学教学的语言，但政府积极鼓励卡拉奇乌尔都语学院把乌尔都语作为高等教育教学语言。

---

① 说明：此为巴基斯坦年份表示方法，含1951年，不含1957年，后面的"五年计划"年份表示同此。

据此，会议作出了以下提议：

1. 教育阶段的结构重组

（1）小学教育课程应该是一门为期5年的完备课程。

（2）入读大学的年龄应该是18岁以上。会议希望各省尽一切努力在其条件允许的情况下实现这一目标。

（3）在环境允许的情况下，中级课程应合并在各省的中学课程中。

（4）在大学阶段，研究生（荣誉）课程的学制应为三年。将两年的研究生课程转到三年的问题应提交大学校际管理委员会审批。

会议赞扬各省关于中学阶段的课程多样化的建议，以便根据学生的年龄、能力和才能满足他们的需求。

2. 需要综合教育

技术、农业和商业教育应成为普通教育系统的一个组成部分，并建议中学阶段的技术、农业和商业教育课程的持续时间应与中学阶段的普通教育相一致。

3. 六年国家教育发展计划

中央、省和州政府应尽早采取执行六年国家教育发展计划。

计划中对高等教育的扩建安排与经费支出作出了比较详细的规划，具体如下：

（1）新建4所中级学院（包括1所女子学院）；

（2）新建6所学院（包括3所女子学院）；

（3）新建10间宿舍（包括3间女性宿舍）；

（4）新学院/宿舍的总体费用估计为40.085百万卢比；

（5）现有的大学提交了开设新院系/扩建的计划，耗资154.047百万卢比，其中33.201百万卢比用作经常开支，120.846百万卢比用作5所大学的发展开支；

（6）旁遮普政府提议建立一所学院，可在未来5年内发展为一所大学，耗资16.3百万卢比；

（7）分别在旁遮普和西北边境省新建两所工程学院；

（8）为自然科学、人文社科、技术和教育领域的应届优秀毕业生提供 372 份海外学习奖学金，总费用为 5 503 百万卢比；

（9）在属于俾路支省和西北边境省部落地区的学生中，拟提议为高等教育提供奖学金 0.469 百万卢比；

（10）设立 264 份在职教育人员奖学金，将奖学金获得者送往国外，以提高其专业领域的知识水平，总费用估计为 1.962 百万卢比；

（11）现有工程学院的课程应该标准化，其学制应为三年，最后一年是必修实践培训。

这项计划被认为是"第一次有意识地预测和满足我们在六年内各个教育领域的需要"。然而，由于行政和组织安排的不稳定以及财政困难，该计划于 1955 年宣布终止，付出的努力和开支未能产生预期的结果，计划目标也没能全部完成。

在建国初期，巴基斯坦各方面条件举步维艰，高等教育基础比较薄弱，高等学校入学人数较为有限，但是，高等学校体系已经初步建立。综合性大学、宗教学校、文理学院、职业学院建设已初现雏形，职业学院各学科已有初步建制，更为难能可贵的是，旨在保障女性受教育权利的女子专门学院也已经出现，这些都为巴基斯坦高等教育体系日后的可持续发展奠定了较好基础。

四、第一个五年计划与国家教育委员会

1955 年，在总理侯赛因·沙希德·苏拉瓦底的领导下，巴基斯坦实施了以苏联为导向的第一个五年计划（1955—1960），其中高等教育占据了重要部分。该计划要求通过提供自主权和问责制来更好地管理高等教育，建议为每个省设立一个大学资助委员会，以加强高等院校和政府的合作。该计划其他的提议还包括加强学术研究、教师交换项目以及将职业学院与大学合并等。在此计划期间，没有建立新的大学，但是全国新建职业学院 16 所（1 所女子学院）、文理学院 49 所（13 所女子学院）；技术教育得到高度重视，工程学院和技术机构的产出显著增加，但进展远远低于计划目标；高等教育入学人数翻了一番。在第一个五年计划期间花费了大约 400 百万卢比，而总拨款大约为 580

百万卢比。

遗憾的是，由于基本的物质条件和教学材料的缺乏、对教育优先的认识不足、人口压力，以及僵化和过时的官僚结构，第一个五年计划的目标未能实现。这一期间，政府为改善教育系统作出了许多努力，但取得的成果有限。

第一个五年计划的失败，使巴基斯坦政府认识到有必要对教育体制进行改革重组和重新定位，并提出了以下考虑事项：

（1）必须使该国的精神和文化遗产与当代世界相协调；

（2）需要提供一种教育制度，以促进向科学技术时代过渡，并促进教育、社会和经济增长；

（3）需要增加教育机会，提升人才质量，以便充分利用国家人才；

（4）需要为巴基斯坦年轻一代提供平台增强其个人能力，提升巴基斯坦青年的爱国主义精神及集体意识；

（5）需要提高学术标准，使教育系统的最终产品能够与现代世界任何国家的产品相媲美；

（6）需要加大对研究活动和高级研究的重视。

基于此，1959年政府通过一项决议，成立了国家教育委员会（The Commission on National Education）。该委员会的职权范围是审议并就确定不同的教育阶段及其持续时间提出建议，其有关高等教育的职权范围如下：

（1）规定大学课程的入学资格以及现有中级课程的地位；

（2）规定大学学位证书、荣誉及研究生学位的有效期；

（3）高等教育和研究；

（4）科技教育；

（5）实现大学和学院的最高教学和研究标准，以及不同大学专业范畴的合作需要；

（6）大学的组成、管理、控制和管辖权方面需要作出的改变；

（7）伊斯兰研究和东方研究的发展；

（8）高校教师的服务资格、条款与义务，及其特权与责任；

（9）学生纪律、社会文化活动和导师制的发展；

（10）大学和学院的财务；

（11）考试制度的改进。

委员会认识到，教育是一项重要的国家投资，为了在竞争激烈的世界中占据一席之位，巴基斯坦人民必须学会把重点放在教育质量上。教育机构应该在课程和教育环境中灌输价值观，在塑造青年品格方面发挥作用，而为学生传道授业的，必须是长期以来对其职业抱有较高道德标准的教师，且应具有诚实、公平和勤奋的习惯以及对学生真正关注的品质。

在现代社会，技术的发展和随之而来的社会结构复杂性的增长日益加快，因此，国家需要高等教育提供大量专业和大量学生的培训。然而，高等教育的责任不仅仅是培训人员从事专业工作，还必须帮助学生成为一般意义上的受过教育的人。换句话说，高等教育意味着知识获取、特定技能的提升和人格培养。没有完善的高等教育体系，任何国家都无法取得快速的进步。委员会认为，必须寻找人才、鼓励人才，并为其提供良好发展的机会，有才能的人应当考虑进行教学和研究工作。

综合之前的政策、方案和倡议，该委员会编写了一份新的教育政策文件。这一政策文件的主旨是努力使教育适合本国的社会经济发展，根据现有的有限资源满足国家日益增长的需求，并反映出本国的精神、道德和文化价值观。该文件还指出了教育系统存在的缺陷和不足之处，并提出了相应的解决方案。

其中有关高等教育的主要提议如下：

（1）建立中等教育委员会，使学院和大学专注于科研和研究生课程。

（2）在五年内，中等教育将与学院分开。但是，要确保教师现有的工资标准不会改变。

（3）高等教育将从17至18岁开始。

（4）学士学位课程应从2年延长至3年。

（5）大学和学院在一级学位中针对不继续攻读研究生的学生和继续

攻读研究生的学生应提供两类学士学位课程，即通过课程和荣誉课程；应在每次课程结束时或至少在每年年底进行公开考试时，确定学生是否适合继续学习。

（6）文学硕士或理学硕士学位的课程，须至少修读2年。取得文学学士或理学学士学位的学生，如果在其专业中取得二级学士学位以上，可以攻读硕士学位。荣誉学位的持有者应该自动获得参加硕士课程的资格。

（7）对于全日制学生，博士学位课程不应少于2年，不得超过5年。

（8）应建立现代语言研究所，为高级语言专家提供专业翻译、口译和语言教学培训。该研究所将服务中央政府各部委的需求，包括国防、外交、工商业和教育部门。

（9）大学必须确保它们的课程不会一成不变，而是根据新知识不断进行审查。

（10）外部考试应由教师准备和评分并进行定期内部考试补充。每篇论文的权重应为25%，由教师进行内部评价。应要求学生在内部和外部考试中取得及格分数，其最终成绩应由总成绩/协定成绩决定。

（11）学生的累积成绩应在其整个学习生涯中定期更新，并为就业和入学做进一步研究提供参考。

（12）个人自行报考大学学位的做法，即学生自行学习然后参加考试，只可再延续5年，而且应该加以限制，如目前只授予文学学士学位。关于研究生教学，应只通过定期方案提供，不应允许个人自行参加这一级的考试。

（13）每所大学都应成立一个高级研究委员会，负责授予助学金和奖学金，审查每所大学的高级研究方案，对研究生工作有关的学术问题提供建议。

（14）教育部应设立一个高效的自治委员会，其目标是统筹大学和研究机构之间的研究，审查并协调各机构和组织的研究计划。

（15）定期为学生举办辅导课程，以便发现学生的潜在能力并激励他们，通过交流帮助他们厘清思路。

（16）一年应分为三个学期，其中包含两个短暂的休假和一个12周的暑假。在学期内，除涉及重要场合的六七天外，不允许有公众假期。应取消"事假"制度，一年内只给教师不超过5天的紧急假。

（17）为了给予教师更多的奖励，合理地提供让其满意的薪水以及其他福利，例如住宿、适当的医疗、退休金或公积金等。

（18）规定各级教师的最低资格，其试用期从2年延长到3年，并为教师提供短期培训课程。

（19）不同类别的教师必须有不同的工作量，并与其职位晋升相关。晋升应该是对卓越成就的肯定，而不是仅仅以资历为基础。

（20）为了给高校教师创造更多的就业机会，应增加教师人数，直到其与授课人数大致相匹配为止。在没有合格教师的地方，应努力从其他国家征聘这些教师，并应用于培训我们自己的教师。

（21）应在每所高等教育机构建立有组织的指导和咨询计划，每名教师负责不超过20名学生，这应该成为学生累积记录的一部分。

（22）大学和学院提供更多体育运动和娱乐设施，发展传统的戏剧和辩论等活动，食堂应在保证卫生的条件下控制用餐价格。

（23）为了保证高等教育机构的完整性和履行其合法职能，校园不允许成为党派政治的舞台。

（24）大学或学院提供足够大的图书馆，且使其开放足够长的时间。

（25）实验室应根据仔细规划和预算，由专项资金或特定拨款提供经费，以便这些实验室配备齐全。

（26）鉴于首都从卡拉奇转移到拉瓦尔品第地区（伊斯兰堡），优先考虑在那里建立一所新的大学。

（27）现任法案中没有明确定义校长和副校长的权力，如果要有效履行职责，必须正确界定其权力和责任。

（28）省立大学的校长应该是省长，巴基斯坦总统应该是联邦大学的校长。校长将在大学任命副校长，副校长将成为该大学的主要学术和行政官员，其应被赋予必要权力，负责依照《大学法案》的规定制定学校规章制度并予以实施。

（29）在 2 至 3 年内成立大学资助委员会，其责任不仅仅在于分配政府财政资助，还必须研究整个高等教育方案，并使其在国家层面有效。

（30）教育部制定一项政策，要求每个大学生在毕业前进行一段时间的暑期全职工作。

该政策为当时的教育系统提供了有效建设的基础和切实可行的措施，其思想内容为之后的"五年计划"提供了支持。然而，由于缺乏资金和政治意愿，这项政策没有达到预期的效果。其中一个明显的例子是，政府迫于公众的激烈反应，撤回了三年制学士课程的提案，内部评价也由于严重的舞弊（不正当行为）投诉而无法实施。

五、第二个五年计划与第三个五年计划

20 世纪 60 年代，阿尤布·汗总统提出的金融政策和经济计划极大地强调了高等教育的重要性。在 1959 年教育政策的基础上，巴基斯坦政府相继实施了第二个五年计划（1960—1965）和第三个五年计划（1965—1970）。

第二个五年计划强调了职业和技术教育。在此期间，政府新建了 3 所职业院校，将 2 所职业院校升级为大学；高等学校的物质基础设施得到了实质性的改善，特别是在实验室、图书馆、教室、礼堂、宿舍、食堂、娱乐、体育和文化活动设施方面；聘用了大批素质较好的教师，利用暑假召集教师参加各种主题的研讨会，交流意见和经验。政府为奖学金计划拨出大量款项，在 1964 年教育公共支出总额中，约有 5% 用于奖学金。除了本土和海外奖学金，还有大量其他机构和政府资助的奖学金和助学金，例如英联邦奖学金、科伦坡计划、AID 文化交流项目等，这些奖学金支持了许多学生完成他们的学业，推动了整个国家的经济增长和发展。政府还制订了一项"中央海外培训计划"（COTS），将在大学或学院工作的优秀学者送往海外深造。

大学咨询管理委员会与工业界达成合作，保持了工业、商业以及专业和教育的共同利益之间的联系，大学地位也得以提高。此外，地质调查局、气象学系、地理物理研究所、科学和工业研究理事会、原

子能委员会、农业研究理事会、医学研究理事会和国家科学理事会以及巴基斯坦国家科学文献中心等新的机构在巴基斯坦相继成立,还成立了巴基斯坦科学促进会、巴基斯坦科学院等组织。这些组织机构为吸引来自世界各地的科学家提供了良好的环境,促进了巴基斯坦的科学技术发展。

在第二个五年计划期间,学生们爆发了对高等教育机构的教育制度改革尤其是对三年制学士课程的不满,在许多大城市,警察和学生之间甚至发生了激烈冲突。在这一背景下,巴基斯坦政府于1964年成立了学生问题和福利委员会,负责调查学生问题。该委员会的职权范围如下:

(1)检查《大学法案》的实施情况,并在必要时提出修改建议;

(2)评估现有设施以制订合理的研究计划,并提出与现有资源相称的补救措施;

(3)确定学生的娱乐和福利设施是否充足;

(4)检查影响学生生活的任何其他事项。

委员会就高校的基础设施、收费标准、课程教材、考试制度,以及学生福利、资助、问题辅导等与学生的学习生活息息相关的各方面,作出了许多建设性的提议,在解决学生问题等方面卓有成效。

1965年,由于战争的爆发,包括教育在内的所有部门的经费预算都被削减了,然而第三个五年计划的实际教育经费仍然有所增长(如表1-2所示)。在第三个五年计划中,高等教育的主要目标包括:

(1)在25所学院引入理学学士课程;

(2)在选定的大学建立应用研究所;

(3)设立大学资助委员会;

(4)通过提供教室、宿舍、科学设备、图书馆书籍和阅览室等来整合机构/学院/大学;

(5)给予一些有名望的学院特许,学院可自行授予学位;

(6)为教师提供国外培训奖学金;

(7)提高教学水平,提高理科学生与人文学科的比例;

(8)提高国家整体教育质量。

可以看出,其目标在于提升优质教育,进一步推广科技教育以及教学水平等。该计划期间新建了1所大学、14所职业学院和65所文理学院,入学人数有了较大的提升,奖学金也进一步增加。

表1-2 三个"五年计划"的教育支出对比

时期	总体支出/ 百万卢比	教育支出/ 百万卢比	教育支出在总支出中 所占比例/%	教育支出在当年国民生 产总值中所占比例/%
第一个五年计划	4 863	206	4.23	0.88
第二个五年计划	10 606	527	4.97	1.55
第三个五年计划	13 204	677	5.13	1.38

经过三个"五年计划"的发展,巴基斯坦国内高等教育环境有了很大的改善,高等教育机构数量与入学人数明显增加。1960—1969年,巴基斯坦建立了3所新的大学,开设了19所职业学院和164所文理学院。大学入学人数从1960年的4 092人(女性778人)增加到1970年的15 475人(女性3 298人),增长278.2%;职业学院的入学人数从1960年的12 434人(女性1 851人)增加到1969年的33 633人(女性4 219人),增长170.5%;文理学院的入学率从1960年的76 000人(女性12 000人)增加到1969年的175 000人(女性45 000人),增长130.3%。

高等教育机构的基础设施得到了大量补充;引入了许多专业部门,研究计划得以扩展;奖学金方面的投入逐步增长,从而扩大了未来人才基础。教育计划还强调了宗教教育、民族语言发展、文化遗产和小学教育。

为了提供最新和准确的教育数据,教育部设立了中央教育局,各省政府也各自设立了教育部门附属的教育局,负责收集和处理当前的教育发展统计数据并以易于同化的形式呈现。中央教育局还负责编制和维护供政府、外国政府/机构和研究人员等使用的教育文件材料。在卡拉奇和拉合尔建成了体育场馆,成立了巴基斯坦体育控制委员会,以促进和控制国家级的比赛和体育运动。

巴基斯坦政府与土耳其、阿拉伯联合共和国、伊朗、日本、约旦、突尼斯、南斯拉夫、伊拉克、印度尼西亚、摩洛哥、西班牙等国家签订了文化协定,通过学生、教师、教育家、科研人员和文化课程的交流、文化中心的建立,以及以缔约国的民族语言互设大学教席的方式,促进了与其他国家的文化交流。巴基斯坦也开始了向科学技术时代的过渡。

第二节 教育国有化与后续发展

一、1972 年教育政策——教育国有化

20 世纪 70 年代,世界经济受到冲击,全球经济增长放缓,这一时期同样也是巴基斯坦的危机时期。在 1971 年印巴战争后,国内分裂主义情绪严重,最终导致了东巴基斯坦分裂为孟加拉国;巴基斯坦经历了严重的财政困难,国内经济混乱,外国援助急剧减少;教育质量没有达到预期,而通货膨胀、劳工动荡、贫困和失业等许多问题普遍存在。1970 年,政府颁布了这个时期的教育政策。当时,巴基斯坦正处于将经济从农业转变为工业的时期,而工业需要更多熟练的人力。因此,这项政策将教育视为推动社会变革与发展的工具,根据社会经济的需要重新定位了教育方案,特别是将重点转向科学、技术和职业教育;政策强调了教育质量的重要性以及教师在提高教育质量方面的关键作用,而且提出教育特别是高等教育行政权力的下放,以确保教育机构健康有效发展所需的学术自由和行政财务自主权。然而,现实是该政策没有得到有效执行,最终沦为了一场政治表演。

1972 年，巴基斯坦总统佐勒菲卡尔·阿里·布托所代表的巴基斯坦人民党宣布了新的教育政策，实施国有化计划。根据这项政策，所有两年制学院在国家控制的政策下转变为大学，私有化的大学转为国有化。虽然教育仍然是一个省级自治议题，但根据 1973 年宪法的并行立法清单，由联邦政府负责制定政策、规划和改善公立学校的教育设施，以满足人民的需要和愿望。根据宪法，国家教育部被赋予以下方面的管理职责：

（1）政策、计划、课程、教学大纲、卓越中心和教育标准。

（2）由联邦政府控制或资助的图书馆、博物馆和类似的机构。

（3）促进专业研究的联邦机构与研究、专业、技术培训机构。

（4）外国巴基斯坦学校和巴基斯坦外国学校的教育。

（5）伊斯兰教育。

（6）版权、发明、外观设计、商标和商品标记。

（7）查询及统计上述事项。

当时，巴基斯坦的高等教育入学率仅为 2%，而同一年龄段中，美国为 50%，日本为 25%。因此，在其任期内，佐勒菲卡尔·阿里·布托总统要求财政部将 70% 的收入用于高等教育，政府寻求实现综合社会变革，从而通过国有化实现经济进步。政府在该教育政策中对高等教育的具体规划如下：

（1）文学学院的入学增加率将限制在每年 5%，而理学学院每年的入学率将增加 10%。在商业和政治经济学学院中，增长预计分别为每年 100 人和 50 人。

（2）将逐步建立新的大学，以覆盖全国各地。首先，将在木尔坦、赛杜·谢里夫和苏库尔建立新的大学。巴哈瓦尔布尔的 Jamia Islamia 将升级为一所完善的大学。

（3）坦多詹姆农业学院、卡拉奇 NED 工程学院和贾姆肖洛工程学院将转变为完善的大学。如果认为有必要，西北边境省政府可以提升白沙瓦工程学院和白沙瓦农业学院为大学。

（4）莱亚尔普尔农业大学（费萨拉巴德）将增加科学、农村家庭经济学等新学科。

（5）将为俾路支省大学增设一所医学院。

（6）将为伊斯兰堡的真纳大学（Quaid-i-Azam Universty）增加研究生院系。

（7）将在巴基斯坦核科学技术研究所和真纳大学之间制订一项联合计划。

（8）将建立大学资助委员会，以统筹各大学的计划，评估他们的需求，并相应地提供足够的公共资金以改善高等教育。

（9）为了确保教师、学生和家长的代表充分参与大学的工作，《大学法案》将通过渐进式立法得到改善。

（10）参考巴基斯坦医学委员会建立农业、法律和工程委员会。

（11）将在大学建立卓越中心，以促进本国的研究和培训。

（12）在一般大学中将建立区域研究中心，以进行当代社会研究发展。

（13）在一般大学中，将设立巴基斯坦研究中心，供一个地区的人们进行研究生阶段的学习，以便了解其他地区人们的语言和文学、社会结构和风俗习惯等。此外，将在真纳大学设立一个巴基斯坦问题国家研究所，以研究巴基斯坦人民的语言、文学和文化。

（14）在无理学教育课程的学院增设理学教育课程，在学位课程和主要职业领域引进技术和职业教育课程。

（15）将启动国家教授计划，以便高素质的学者和科学家可以继续担任教师和研究人员。

（16）将启动国家研究奖学金计划，以提供物质和其他研究设施。

（17）理工学院将转为技术学院，并引入新技术。学院将提供获得技术硕士学位的专业课程，并且此类机构/学院将在适当的时候发展成为卓越中心。

（18）从1972年9月1日起，所有私立大学实行国有化。这些大学的教师工资和服务条件的规模至少与公立大学的工资和服务条件相当。

（19）优秀奖学金计划将进行修订，以使其合理化，并使其给有需要的学生带来利益的最大化。在此期间，奖学金的数量将增加4倍，并确保通过有效的机制使学生充分利用其到国外深造。向有才能的学生提供无息贷款以完成他们的高等教育。

（20）建立一个国家图书出版基金会。

（21）将为高校建立设备齐全的图书馆提供充足的资金。

（22）人民公开大学将成立。

（23）将在国家、省、地区和机构层面设立教育委员会，以协助制定、实施和评估教育政策等。

（24）教育支出总额到1980年将增加到国民生产总值的4%左右。

1970—1975年的第四个五年计划遵循了这一政策。在该政策实施期间，对奖学金方案进行了审查，并每年发放奖学金，向有才能和贫困学生提供无息贷款以完成学业；巴基斯坦首次修订了大学教师的薪酬结构，使教师的薪酬与其他服务行业的薪酬水平相当，而体育教师的工资标准也与其他教师相同；总体教育支出从1970年的7 899百万卢比增加到1977年的33 007百万卢比，增长了317.9%（如表1-3所示）；教育支出占国民总收入的百分比（按当前要素成本计算）从1.7%增加到2.1%。

表1-3　1970—1977年政府教育支出

单位：百万卢比

年份	总体教育支出	高等教育支出
1970	7 899	920
1971	7 968	693
1972	10 007	810
1973	12 693	1 079
1974	17 445	1 240
1975	24 882	1 743
1976	28 026	2 107
1977	33 007	2 580

按照政策规划，1971—1977年，巴基斯坦国内新建了7所大学，入学人数增长了135%（如表1-4所示），职业学院由73所增加至98所，非职业学院由314所增加至430所；大学资助委员会（The University Grants Commission）于1973年7月成立，旨在协调大学的项目，确保有足够的公共资金改善高等教育，并在其中成立了国家高等教育学院（National Academy of Higher Education），以对高校教师进行职前和在职培训；分别建立了卡拉奇大学的海洋生物学、信德大学的分析化学、旁遮普大学的固态物理学、俾路支省斯坦大学的矿物学、白沙瓦大学的地质学等五个卓越中心；分别建立了拉合尔旁遮普大学的南亚研究中心、卡拉奇大学的欧洲研究中心、白沙瓦大学的中亚研究中心、信德大学的远东和南东研究中心、伊斯兰堡大学的非洲和美洲研究中心，以及俾路支大学的中东和阿拉伯国家研究中心等六个区域研究中心；分别在旁遮普大学、信德大学、白沙瓦大学、卡拉奇大学、俾路支大学以及伊斯兰堡大学建立了巴基斯坦学习中心。

表1-4 大学数量与入学人数的变化

年份	大学数量/所	入学人数/人
1971	8	17 507
1972	8	18 678
1973	8	19 081
1974	10	21 396
1975	12	22 772
1976	12	37 711
1977	15	41 130

这一期间取得的其他成果还包括：《大学法案》经过修改，变得更为进步、民主；任命不同学科的课程委员会以审查和更新教学大纲和课

程；国家体育信托基金于1972年成立；为解决住宿问题，完成了一项建造联邦学生宿舍的隐性计划。受益于定性目标和明确的行动纲领，该政策在许多教育领域都取得了很大的成就。

教育国有化计划对巴基斯坦高等教育产生了深远的影响，其彻底终止了私立教育在巴基斯坦的历史。最终联邦政府控制了大学所有拨款项目，大学教师和管理层由教育部任命，此举保证了中央全面管理国家大学体系，同时也剥夺了大学的自主权。然而，国有化政策的不利之处在于：一方面政府面临财政困难，财政部的负担进一步加重，发展支出大幅增加；另一方面教育被政治化，教育政策带有强烈的政治性，许多工作进展是在政治基础上提供的，目无法纪、腐败、裙带关系和激烈的派别之争成为巴基斯坦高等教育的一部分。

于1977年制订并执行的第五个五年计划旨在平衡受教育的机会，提高教学质量，改善机构和研究设施，使偏远地区的青年能够接受高等教育。然而，1972年的政策在某种程度上被1977年的军事政变所取代，导致优先次序的重大转变，旧政府所宣示的平等主义原则尚未在实践中得到体现。

二、1979年国家教育政策

1977年7月5日，巴基斯坦陆军参谋长齐亚·哈克发动军事政变，推翻了佐勒菲卡尔·阿里·布托政府的统治，引发了普遍的政治不稳定，1972年的教育政策随即被废除。为了确定职权范围，审查和重新确定巴基斯坦的教育目标，并制定巴基斯坦本土的、符合人民愿望的教育政策，使教育与社会不断变化的需求联系起来，使其内容与巴基斯坦人民紧密相关并且意义重大，之后当权的齐亚·哈克于1977年10月3日至5日在伊斯兰堡召开了全国教育会议，84名知名学者、教育家、律师、开明公民和学生被邀请参加。除开幕式和闭幕式外，会议期间共举行了四次工作会议，分别针对"教育目标""基本策略的选择""特殊问题"三个议程成立了三个讨论小组，以审议和最后确定关于每个议程项目具体问题的建议，这些建议在全体联合会议上进行了讨论、修改和通过。

会议关于高等教育的主要建议如下：

（1）为有才华的学者和研究人员提供机会和激励。

（2）建立有效的博士和博士后培训计划。

（3）应尽早将民族语言转换为高等教育的教学语言。为此目的，可以提供必要的书籍和文献，并可适当加强中央乌尔都语发展委员会等组织。

（4）可以设立高校教师学院进行职前培训。

（5）在大学所有考试的最后一个学期，由一组校内和校外人员组成的考官进行一次综合的 Viva-Voce 考试。

（6）各大学可统一制定本学期实施细则。

（7）高等学校、职业学院可以凭许可证进口科学仪器、设备、化学品等，免征关税。

（8）在每所大学设立伊斯兰教事务学院。

（9）在伊斯兰堡的真纳大学设立伊斯兰教法学院。

（10）各学院、大学可以设立学生教师委员会。

（11）教育部可以加快大学资助委员会关于修订大学章程/法案的报告。

（12）追求高等教育的设施应仅限于具有良好学术记录的学生。

（13）国家及省级的大学教育基金均应通过大学资助委员会拨出。

（14）大学和其他高等教育机构可以对兄弟单位进行研究，向兄弟单位发布必要的研究资料和研究成果。

会议结束后，为编写国家教育政策草案，又举行了多次研讨会，对这些集体或单独提出的意见和建议进行了仔细研究，并将其中的重要内容纳入1978年12月提交政府的政策工作计划草案中。为了正确审查工作计划的各项规定，政府任命了一个常设委员会，同各省政府、教育部门、副校长协商工作计划，并于1979年2月得到巴基斯坦政府的正式批准，最终通过了1979年国家教育政策。

这项政策被认为是"首先认识到我们本土机构的巨大潜力，并对它们给予资助,以实现更大的教育发展"的政策。它声称,"偏离外国模式,在现有模式的基础上再接再厉,将产生巨大影响。"该政策旨在"为该国所有公民,特别是年轻人,不论其信仰、种姓,提供最低限度的可接受的实用识字和基础教育,以便使他们能够有效地参与整个国家的建设"。其目标和宗旨如下:

(1)将教育与伊斯兰意识形态和国家目标联系起来;

(2)让学生认识到他们是巴基斯坦民族的一员,而巴基斯坦民族又是世界伊斯兰民族的一部分;

(3)为了在这个国家发挥新的作用,学生应该了解本国的历史和文化,并对这个国家作为一个伊斯兰国家的未来有坚定的信念;

(4)平等获得教育机会;

(5)进行素质教育,开发每个人的潜能;

(6)向该国所有公民提供最低和可接受的实用识字水平;

(7)在青少年中培养和发展纪律性;

(8)促进和扩大国家的科学、职业和技术的教育、培训和研究。

可以看出,这一政策文件的主要特点在于促进伊斯兰教的意识形态和继续发展趋向于职业和科学教育的高等教育,据此提出了许多教育领域的新概念与新举措。

该政策首次提出了一项有趣的新教育目标:为了全世界其他穆斯林兄弟的福利,并传播伊斯兰教的信息,要求每个巴基斯坦人都应该接受宗教教育,成为穆斯林乌玛(Ummah),并要求根据伊斯兰原则修订课程和教科书。强调伊斯兰化的教育政策导致了巴基斯坦高等教育系统中原教旨主义思想的爆发。

在伊斯兰意识形态的驱动下,该政策创造性地引入了清真寺学校的概念。在这一概念的背后,有一项关于清真寺及其在穆斯林社会中的作用的原则,其想法是,出于巴基斯坦人民对宗教信仰的固有尊重,这一公共领域可以用来提高识字率,尤其是农村女童的识字率;另一个概念,Mohala 学校,则是为女学生开设的,其目的是让她们学习管理家庭的基本技能,并在管理家庭教学的家庭母亲的帮助下学习阅读和写作。然而，这一创新面临着许多政治、社会和与宗教环境相关的问题，这些问题阻碍了其实施和优质教育的实现。

该政策还强调了促进和传播科学技术培训与研究，使每一个公民的最大潜力用于生产目的，以促进该国的社会经济增长。为此，设立了乡村工厂学校来接收辍学的学生，培养其获得一些基本技能，从而成为有生产力的个人；开办了为期一年的课程，聘请了特定学科的资深教师来培养技术工人，以满足该国新兴的工业需要。

政策中关于高等教育的目标主要有以下几个方面：

（1）大学的全部资金将由联邦政府提供，但是大学不会被联邦化。

（2）建议将学校行政管理权力下放以提高管理质量。

（3）所有高等教育机构教师均会定期接受大学资助委员会高等教育学院的培训及辅导。

（4）对高等教育机构和职业学院的管理程序予以重新确定和大幅改进。

（5）将在伊斯兰堡的真纳大学设立伊斯兰教法学院。

（6）通过提供更好的物质和教育设施，包括实验室设备和图书馆书籍，提高高等教育的质量；高等教育机构可以凭许可证进口科学仪器、设备、化学品等，免征关税。

（7）加强大学资助委员会的工作，协调和规范国家高等教育和科研工作。

（8）在全国各地选定的女子学院设置研究生教学设施。

（9）简化教师参加国家和国际讲习班、课程的程序。

（10）增加教师奖学金名额，使教师能够在国内外继续深造。

（11）实行全面的教师和管理人员问责制和考核制度，确保有效的教学学习环境和制度纪律。

（12）设立优秀教师及学生奖励计划，鼓励学生从事创新工作。

（13）鼓励大学教师向政府和其他组织提供咨询服务。

（14）为提高教师在国内外的任职资格，将给予教师学习假期。

（15）学校将努力为教学团体提供住房和其他设施。

（16）高校男生女生宿舍名额将大幅增加。

（17）对有才能的学生提供高等教育免息贷款。

（18）各级学校奖学金名额将增加一倍。

（19）促进高校开展有利于学生专业和学术追求的健康的院系活动。

（20）具研究潜力的大学某些学系将会发展成为先进的博士及博士后课程研究中心。

（21）大学之间开展师生友好交流活动，促进国家团结。

（22）除女子大学外，在未来5年内不会再设立新的大学。最初将分别在拉合尔和卡拉奇设立2所女子大学。

（23）在重要学科领域再设立5个卓越中心。

（24）由大学资助委员会审查文学学士/理学学士和研究生学位课程，以及大学的研究计划。

（25）将适当修订《大学条例》，以精简大学的工作。

与高等教育相关的科学和职业教育方面的目标如下：

（1）建立国家科学教育中心，加强科学教学，普及科学技术。

（2）为职业学院的教师建立国家技术教师培训学院。

（3）所有专业教育机构都会为毕业生安排在职培训机会。

（4）巩固和改善现有的工程和农业教育设施，适度扩大规模。电子、造船和航空工程等新学科将会在工科大学中大量增加。

还提出了一些一般性的教育管理等方面的举措，以进一步改善政策实施期间的高等教育：

（1）设立教育规划管理学院，对教育行政人员、规划人员和督导人员进行培训。

（2）建立国家教育研究机构，对有关国家重大事件和问题的教育研究进行监督和协调。

（3）为了在校园里营造一种有益的氛围，不鼓励煽动性的政治活动。

（4）建立全国学生中心，对学生事件、问题和态度进行研究。

（5）设立全国教育委员会，审查政府在教育领域的政策和方案。

（6）鼓励新建私立学校和学院，作为政府教育工作的补充。

（7）乌尔都语将在5~7年分阶段成为大学和学院的替代教学语言。为此目的，可以提供必要的书籍和文献，并可适当加强中央乌尔都语发展委员会等组织。

（8）在各教育机构制定有组织的辅导和指导方案。

政府意识到，这个国家的教育问题如此巨大，教育活动的规模如此之大，仅靠政府无法实现政策的目标，因此在政策中体现了动员社会的资源与支持以成功实现政策设想的方案；还有一项任务则是提供足够的资金并简化资金流动中的程序瓶颈，确保为政策的执行提供适当的管理结构和技能。为了审查1977年教育会议的提案，政府组成了一个由教育顾问和财务与规划小组代表组成的委员会，要求其拟订所涉经费问题，并将这些提案纳入下一个五年计划。最终商定的教育发展拨款总额为10 281.3百万卢比，而计划期间非发展支出为18 617.0百万卢比，因此第五个五年计划期间教育支出总额达到了28 898.3百万卢比。

三、第五、第六与第七个五年计划

考虑到自巴基斯坦成立以来，高等教育增长迅速，但高等教育机构的整体教育水平却参差不齐，因此在第五个五年计划（1977—1982）中，重点放在了高等教育的巩固而不是扩大上，其目标在于发展科学教育和现有的工程学院/大学。该计划确定了高等教育的下列主要目标：

（1）在不同的教育之间实现更均衡的招生分布；

（2）改善和扩大科学教学设施；

（3）通过引入学期制、现代考核方法和教师专业培训，提高教学质量；

（4）在欠发达地区扩大高等教育设施；

（5）高校研究项目的制定；

（6）扩大对女学生，尤其是女研究生的福利条件；

（7）将在俾路支省库兹达尔建立一所新的工程学院；

（8）设立国家高等教育学院，对高等学校教师进行职前和在职培训；

（9）为完成现有卓越中心的物质设施提供资金。

第五个五年计划为高等教育发展拨款725百万卢比，拨款450百万卢比用于奖学金和学生贷款，拨款500百万卢比用于高中以上的辅导服务。该计划降低了通货膨胀率，巩固了投资和增长，恢复了国内外的金融稳定。在整个计划期间，总体收支平衡是正数，国内生产总值增长了6.7%。

如表1-5所示，计划期间职业学院的入学人数有所下降，但是文理学院与大学的入学人数保持了增长，其中文理学院的女生入学人数增长率达到了40.0%，高于大学。

表1-5 第五个五年计划期间高等教育机构入学人数

项目	文理学院		职业学院		大学	
	总人数	女生人数	总人数	女生人数	总人数	女生人数
1977年	221 000	72 000	62 113	10 766	41 130	6 998
1981年	297 000	101 000	58 587	9 219	48 912	7 851
增量/人	76 000	29 000	-3 526	-1 547	7 782	853
增长率/%	11.7	40.0	-5.6	-14.3	18.9	12.2

然而，规划者认为教育金字塔并没有令人满意地扩张，其顶部所代表的高等教育由于新的学院和大学的建立而进一步升高。该计划中提及的2所女子大学没有设立，却在没有计划新建任何大学的情况下，设立了4所公立大学和1所私立大学；计划期内，没有开设新的学位学院，但是将12所中级学院提升到了学位学院，超过了目标的6所；向112所学院提供了设备，只达到目标（283所）的39.5%；在26所大学建造了新的建筑物，只达到目标（114所）的22.8%。

第六个五年计划同样是出于巩固高等教育的考虑，决定不在公立部门设新的大学，对它们的拨款将仅限于提高教学环境与质量，而不是进一步的扩大。高等教育方面的第六个五年计划的具体目标如下：

（1）巩固和改善现有大学；

（2）不会在公立部门设立新的大学；

（3）消除课程、教材、实验室设备、图书馆资源和教师能力方面的不足；

（4）将 XI 班和 XII 班与中等教育合并；

（5）促使教师在本地和外国大学进修；

（6）以访问教授的身份为巴基斯坦驻外学者提供服务；

（7）完成正在进行的大学项目；

（8）把选定的大学院系发展为高等教育中心；

（9）在各级高等教育中引入私立部门，以促进健康竞争，实现国家责任和控制；

（10）引入入学考试和补课制度，消除不足；

（11）建立完全自主的民办科技大学；

（12）为有才能的学生，特别是在科学领域的学生提供奖学金；

（13）Zakat 和 Ushr 基金将向低收入群体中有才能的学生提供特殊经济援助，为此，将设立国家奖学金基金会；

（14）科学研究和技术开发经费，从第五个五年计划的 20 亿卢比增加到 70 亿卢比。

除此之外，计划的目标是重新调整外部财务的可行性，为此需要在动员国外援助以支持计划发展的方向上作出努力。因此，该计划在明确阐述的经济政策框架范围内提出了综合发展方案，其重点放在了教育和健康方面，以提高人力资源生产力和建立机会平等。

在该计划期间，国内生产总值年增长率为 6.5%，实现了 6.1% 的总体增长。公立部门发展计划的拨款为 2 900 亿卢比，实际支出达到了 2 424.1 亿卢比。为了实现教育部门的目标，政府将计划拨款的 6.5% 用于教育，这是巴基斯坦建国以来分配给教育部门的最高比例。而对进口产品征收 Iqra 附加费，也为教育带来了 131 亿卢比的额外资金。计划期间教育部门的计划拨款为 18 930 百万卢比，实际教育支出为

13 560.2百万卢比，因此计划拨款的利用率为72%。高等教育方面的计划拨款为2 100百万卢比，实际支出为1 541.7百万卢比，利用率为73.4%。

如此高的教育拨款，使得巴基斯坦高等教育在这一时期得到了充分的发展与完善。在教育机构方面，新设立了30个学位学院，开展了5所新大学和新校区的建设工作；建立了一些国家机构（如表1-6所示），卓越中心也得到了改进；HEJ化学研究所的实际支出有所增加；奖学金的实际支出占计划拨款的11%。然而，为进一步放宽奖励办法而设立国家奖学金基金会的方案没有实现，建立女子大学的方案也没有得到执行。

表1-6 第六个五年计划期间新建国家机构

机构名称	地点	建立年份
国家历史文化研究所	伊斯兰堡	1983
心理学卓越中心	伊斯兰堡真纳大学	1983
联合国教科文组织全国委员会	伊斯兰堡	1985
国家英语语言学院	伊斯兰堡	1986
分子生物学卓越中心	拉合尔旁遮普大学	1986
科学教育和培训促进研究所	伊斯兰堡	1987

联邦政府在计划期间批准了一系列提高高等教育质量的创新项目。除了批准本土的大学卓越中心、区域研究中心和巴基斯坦研究中心的发展规划，还建立了国内大学/卓越中心和地区研究中心与国外大学/机构的联系项目，其中大多数是由外国捐助者提供的经济援助。

鉴于当地资源不足以发展高等教育方案，政府在从其他国家获得经济援助方面作出了许多努力，教育部编写了一份《教育发展项目纲要（1983—1988）》文件，提交给捐助者以获得经济援助。计划期内，日本政府向7个卓越中心提供了价值68百万卢比的设备，同时分别向伊斯兰堡的真纳大学提供了 130 百万卢比的设备，向卡拉奇大学 HEJ 化学研究所提供了 147 百万卢比的设备，向位于 Jamshoro 的迈赫兰（Mehran）工程技术大学提供了 153.68 百万卢比的设备，向 Mehran 工程技术大学纳瓦布沙校区提供了 116.569 百万卢比的设备，以及向俾路支省库兹达尔的工程学院提供了 149 百万卢比的设备。开发计划署为建立白沙瓦科学仪器中心提供了 567.5 百万卢比。此外，海外发展署（ODA）在阿拉玛·伊克巴尔（Allama Lqbal）开放大学发展的第三阶段（1989 年 4 月结束）提供了 35.5 百万卢布的援助，并承诺为第四阶段提供 76.490 百万卢布的援助。ODA 也为 15 项大学联系项目的达成提供财政援助，并同意考虑更多的大学项目，用于采购设备、教师发展、研究合作、出版科学研究论文和提供书籍等。

大学资助委员会每年通过各项创新计划为大学拨款约 10 百万卢比。国内大学也收到了来自其他捐助机构/国家的经济援助，如联合国开发计划署（UNDP）、美国国际开发署（USAID）、亚洲开发银行、联合国儿童基金会（UNICEF）、世界银行、亚洲基金会、石油输出国组织（OPEC）、世界卫生组织（WHO）、欧洲经济共同体（EEC）、德国、荷兰、加拿大等。

1982 年，全国共有大学教师 3 322 人，其中 24.8% 为博士。第六个五年计划结束时，全国高校教师增加到了 4 020 人，博士学位持有者比例提高到 25%。由于博士学位持有者的稀缺，高校招收了大量的文学硕士、理学硕士及哲学硕士学位持有者作为教师补充。在师资发展方面，政府推行了多项计划，包括海外博士后培训、大学高校教师发展计划、中央海外培训计划、Quaid-i-Azam 奖学金计划、Khushal Khan Khattak 奖学金、Allama Lgbal 奖学金、大学教师旅费津贴、科学和短期课程的高等研究奖学金，以及研讨会和海外会议等；鼓励巴基斯坦专家到国外访问和侨居国民转让专门知识，以提高高校教师的知识；通过教育部的地方文化奖学金和技术援助计划继续开展员工发展；与外国大学建立了许多交流项目，以提供员工发展和合作研究设施。

1982 年大学招生 48 912 人（女性 7 851 人），1987 年增加到 65 340 人（女性 9 786 人），增长 33.2%（如表 1-7 所示）。在此期间设立了两所新的大学：公立的沙阿卜杜·拉蒂夫大学（1987 年）和私立的拉合尔管理科学大学（1985 年）。这一时期并没有建立新的职业学院，但开设了 10 所新的文理学院。职业学院的入学人数由 1982 年的 58 587 人（女性 9 219 人）上升至 73 609 人（女性 15 901 人），文理学院的入学人数由 1982 年的 297 000 人（女性 101 000）人上升至 420 000（女性 135 000 人），增幅分别为 25.6% 和 41.4%。

表 1-7 第六个五年计划期间高等教育机构入学人数

单位：人

年份	文理学院		职业学院		大学	
	总人数	女性人数	总人数	女性人数	总人数	女性人数
1983	355 000	111 000	56 276	9 314	50 418	7 616
1984	373 000	117 000	59 169	9 742	54 031	8 407
1985	400 000	126 000	68 317	13 817	59 891	8 801
1986	387 000	125 000	64 910	13 814	61 319	9 523
1987	420 000	135 000	73 609	15 901	65 340	9 786

为了向国民经济的关键部门提供技术和研发支持，并在新兴的研究领域发展高水平的科学技术人才，政府成立了一个指导委员会，由阿卜杜勒·萨拉姆博士担任主席，Dr. Mahbub-ul-Haq 和 Dr. M. Afzal 为成员。委员会与来自日本筑波大学、印度德里理工学院、韩国高等科学技术研究所、巴基斯坦空间和高层大气研究委员会（SUPARCO）、巴基斯坦原子能委员会（PACEB）等机构的专家举行了一系列会议，最终于 1983 年编写了一份关于巴基斯坦科学技术研究院（ISATOP）项目的报告，提出根据韩国高等科学技术研究所的模式，设立巴基斯坦科学技术研究所，并提供其开展工作的完全自主权，将其建设成为一个拥有强大董事会的自治组织，享有政府以及科学界和工业界的信任。遗憾的是，

第六个五年计划期间，该提案没有实现。

第六个五年计划采取的战略着重强调了高等教育的质量改进，大学是研究及发展计划的主要受益者。科学研究和技术开发的投入也有所增加，设立了专门机构，加强了现有机构/中心的能力建设，以便为哲学硕士、哲学博士和博士后培养提供更多设施。在计划期间，在教育领域被视为绩效评估标准的入学人数在高等教育一级迅速增加。此外，为了贯彻1979年教育政策的目标，提高私立部门在高等教育方面的参与度，政府提出了关于私立部门和地方机构参与高等教育的政策，还提出了高等教育机构的权力下放政策；然而，由于行政和管理方面的问题，这些政策最终无法得到有效的实施。

根据当时的制度，大学资助委员会负责评估大学的财政需要及拨款，但是由各省级政府对大学进行行政或财务控制。这种双重控制导致了不必要的支出和扩张，并且稀释了投入，特别是在科学和工程学科方面，从而造成巴基斯坦各大学面临严重的行政问题和庞大的预算赤字。此外还存在过时的课程、有缺陷的考试制度和缺乏对研究的重视等困扰。因此，联邦政府在与专家和专业机构、贸易组织代表和各省政府广泛磋商后制订了第七个五年计划，打算通过一系列改革来改进高等教育。该计划对国家长期经济发展进行了评估，并预测了截至2003年的社会前景，主要目标是通过对教育和信息政策的根本性重组促进国家一体化，政策应以明确的民族文化概念为基础，向充分就业迈进，确保稳定持续增长，并制定和实施令人信服的技术变革政策。

高等教育的目标在计划中规定如下：

（1）为扩大教育资源基础，将妥善组织Iqra基金。1985年对进口产品征收的Iqra附加费的收入将直接计入Iqra基金。Iqra附加费将逐步扩大到其他经济活动，以满足教育和培训部门日益增长的需要。

（2）政府会研究豁免教育机构捐款征收遗产税的可行性。鼓励私立部门在政府支持下设立教育培训机构。

（3）将职业技术院校在校生比例提高到33%以上。鼓励私立部门设立技术机构，并给予包括免税在内的奖励。

（4）为提高工程院校毕业生的就业能力，在授予学位前，必须对其进行为期一年的在职培训。

（5）通过一系列改革，着力提高高校教育质量。

（6）通过将费用从现有的 1988 年经常性支出的 1% 逐步提高到 1993 年的 10% 来消除赤字，从而改善大学的财务状况。从 Iqra 附加费向大学提供 20%~25% 的资金，鼓励成立捐赠基金并对捐赠基金实行免税，允许大学创造其他收入来源。

（7）大学将被允许外国援助和设立私立席位。

（8）允许私立部门免税接受捐赠，以建立捐赠基金，接受境外援助和非政府组织支持。

（9）将通过奖学金和 Zakat 援助向有才能但贫困的学生提供接受高等教育的机会。

（10）将精简大学的管理。

（11）不会在公立部门开办新大学。但是，将鼓励私立部门设立高等教育机构。

（12）大学和学院的录取将是择优录取。

（13）所有大学的考试日期将通过法规确定，不会改变。作弊将受到严厉的惩罚。

（14）将会通过提供更好的物质设施、员工发展，鼓励与外国大学的联系和支持合约研究来提升大学的研究能力。大学将是科学和技术研究的中心，大学以外的公立部门不会设立任何新的研究机构。

（15）将在私立部门建立一个科学技术研究所。

（16）将教育结构重新定位如下：

a. Classes 0~3，低级小学；

b. Classes 4~8，高级小学；

c. Classes 9~12，中级教育；

d. Classes 13~15，学院教育；

e. Classes 16~17 及以上，大学教育。

（17）理学学士和文学学士的课程为期 2 年。申请文学硕士或理学硕士课程，必须拥有荣誉学士学位，其课程是 Class 11 后的 3 年课程。

（18）旁遮普省将建立一所新的工程学院。

（19）计划期间，现有 8 所工程学院/大学的招生名额将由 4 000 人增至 5 000 人。

（20）新建 4 所商务学院，将 6 所政府商业培训机构升格为商业学位学院。研究生课程（MBA/M Com）也将在 3 所著名的商学院推出。

（21）鼓励在各种课程中使用计算机。

（22）一些声誉卓著的学院将被允许授予学位。

（23）逐步实现大学完全自治，实行自费办学。

（24）从经常性预算中拨出不可转让的经费，用于购买供科学实验室和研究用的消耗品。

（25）每所大学都将为学生建立一个指导和安置中心。

（26）将举办研讨会、会议、培训课程、教师交流计划、海外留学奖学金等活动，让教师参与其中，增进知识。

（27）鉴于课程与国家日益增长的需求和就业技能无关，将对课程进行修订和更新。

（28）设立教育考试和评估服务机构，以开发智力、才能等标准化测试。

（29）设立国家研究基金，拨出 500 百万卢比用于鼓励国内研究。

第七个五年计划拨款 930 亿卢比用于经常性开支，231 亿卢比用于教育和培训的发展项目，来自政府的资助部分地消除了大学不断增加的财政赤字。在计划的前四年，教育部门可以获得国家预算的 7.1% 和国民生产总值的 2.17%。然而，高等教育在第七个五年计划期间收到的发展性资助整体呈下降趋势（如表 1-8 所示）。

表 1-8　第七个五年计划期间高等教育的计划拨款与实际拨款

单位：百万卢比

年份	计划拨款	实际拨款
1988	431.003	429.122

续表

年份	计划拨款	实际拨款
1989	362.964	393.738
1990	455.196	457.628
1991	180.834	308.339
1992	360.873	333.314
合计	1 790.870	1 922.241

外国机构提供了一些财政援助，以克服巴基斯坦教育设施的不足。通过外国援助，该国资金得到了高达25%~30%的补充。美国国际开发署提供了8 000万美元，用以资助一个非常重要的"机构卓越"项目。该项目的目的是协助大学和研究所的选定部门，提高和扩大其在对国家发展至关重要的科学和技术领域的教学和研究能力，后来该项目的成本减少到仅500万美元。但是，美国国际开发署向TIPAN项目下的白沙瓦农业大学（NWFP）提供了55.5百万美元，并根据其教师发展计划提供了167套培训设施。ODA资助了一些有用的大学联系项目，日本政府向许多高等教育机构提供了设备，联合国开发计划署提供了567.5万卢比的财政援助，用于建立和发展白沙瓦工程技术大学科学仪器中心。在计划结束时，18个国际、多边和双边机构，通过提供咨询服务、赞助发展项目和提供工作人员发展等方式，为巴基斯坦教育设施的改善与发展提供援助。这些努力的积极成果是，大学本身已经开始努力改善其财务状况，并采取了减少补贴和增强自身商业角色的双管齐下的战略。

按照计划，没有在公立部门设立新的大学，但是提议中的教育结构重新定位也没有实现。计划期间，新增的高等教育机构大都是文理类院校，共开设了127所新学院，其中包括42所女子学院；只有一所大学，即卡拉奇Hamdard大学，在私立部门设立。文理学院的招生人数由1987年的42万人（女性13.5万人）增加至1992年的56.1万人（女性2.2万人），增幅为33.5%。职业学院招生人数由1987年的73 609人

（女性15 901人）增加至1992年的76 726人（女性19 127人），增幅为4.2%；大学招生人数由1987年的65 340人（女性9 786人）增加至1992年的83 874人（女性11 178人），增幅为28.4%。

在科学技术发展方面，也取得了不错的成就。拟派遣831名青年科学家、医生和工程师出国深造，最终派遣了622人。拉合尔高级分子生物学中心在与Cold Spring Harbour实验室和美国约翰斯·霍普金斯大学合作开展的研究项目中分离出8种新酶，这些酶被列入1988年国际酶目录。国家电子研究所（NIE）、国家硅技术研究所（NIST）和国家海洋学研究所（NIO）都拥有了各自的设施。通过引进新的和先进的设备、合格的工作人员和更好的图书馆设施，加强了实验室和工厂的建设。巴基斯坦科学基金会（PSF）资助了大学的几个研究项目，并为购买科学设备和文献提供赠款。在此期间，还有许多科学和技术组织参与了研究活动。在建立新的组织方面取得的一项有价值的成就是，在PAEC下设立了费萨拉巴德（Faisalabad）生物技术和基因工程研究所（费用192.6百万卢比）。科技研发投入占国民生产总值的比重保持在0.2%，低于1%的目标。在科技部895百万卢比的拨款中，支出了813百万卢比，利用率为91%。

一些重要项目在计划期间获得批准，如表1-9所示。

表1-9 第七个五年计划期间获得批准的重要项目

大学/中心	项目
木尔坦巴哈丁扎卡里亚大学	设立农业大学学院
迈赫兰工程技术大学	建立科学仪器中心
	建立石油与天然气工程研究所
	建立灌溉与排水工程研究所
真纳大学	建立中亚与地球科学系巴基斯坦史前研究中心
信德大学	建立布托农业学院
	与伦敦大学怀伊学院合作关于农村发展方面的学术联系项目

续表

大学/中心	项目
拉合尔大学	与意大利巴勒莫大学分子生物学高级研究中心的分子生物学合作博士课程
木尔坦巴哈丁扎卡里亚大学	建立工程学院
白沙瓦工程技术大学	与斯特拉斯克莱德大学之间的合作项目
旁遮普大学	地质研究所工业矿物学与英国莱斯特大学合作项目
资源工程卓越中心	与英国伯明翰土木工程大学土木工程系的学术与研究联系

四、总结

1979年教育政策的持续时间比该国以前推出的教育政策都要长。在该政策指导下巴基斯坦制定了三个"五年计划",即第五个五年计划(1978—1983)、第六个五年计划(1983—1988)和第七个五年计划(1988—1993)。

在大学的财政投入方面,该政策期间,联邦政府考虑到省级政府的高等教育财政负担及其在初等教育方面的低支出,于1979年7月1日决定全面接管大学的资助拨款。在联邦政府资助之前,省政府在1978年为大学提供经常性支出为183.66百万卢比,发展性支出为102.938百万卢比(总计286.598百万卢比),而在联邦政府资助后,对大学的资助不断增加,如表1-10所示,1991年大学的发展性支出达到了310.139百万卢比,经常性支出1 389.369百万卢比(总计1 699.508百万卢比)。因此,政策期内发展性支出的增长率为201.3%,经常性支出增长率为656.5%,总体增长493.0%。在政策结束时,联邦政府为20所大学、9个卓越中心、6个地区研究中心、6个巴基斯坦研究中心、少数国家机构以及许多由大学资助委员会执行的综合方案提供资金。

表 1-10 1979—1991 年大学收到的资助金额

单位：百万卢比

年份	发展性支出	经常性支出	合计
1979	108.977	234.004	342.981
1980	144.760	264.795	409.555
1981	203.833	311.049	514.882
1982	222.184	346.787	568.971
1983	232.103	384.963	617.066
1984	278.730	565.149	843.879
1985	218.828	680.051	898.879
1986	390.720	854.047	1 244.767
1987	286.772	980.972	1 267.744
1988	388.505	1 061.145	1 449.650
1989	270.416	1 101.593	1 372.009
1990	361.317	1 137.409	1 498.726
1991	310.139	1 389.369	1 699.508

引用出处：Pakistan, UGC Federal Funding of Universities, Islamabad, 1992, P. 1-4.

尽管对大学教育的资助不断增加，这一时期大学却都面临着庞大的预算赤字，其主要原因在于大学资助委员会和省政府对大学的双重控制。此外，大学资助委员会进行的开支分析显示，政府给大学的拨款中，平均85％用于教学和非教学人员的薪酬，因此图书馆、实验室和研究设施的改善仍然被忽视。政府曾于1983年12月2日计划将大学教育的拨款任务返还给各省政府，但由于大学资助委员会副主席和各省政府更倾向于由联邦政府进行资助，这一想法未能实现。

政府通过国外援助方案，极大地补充了本国教育资源的不足，主要捐助方包括日本、官方发展援助、美国国际开发署、德国、联合国开发计划署、亚洲开发银行、世界银行、荷兰、加拿大和联合国儿童基金会等。这些援助通常用于购买先进设备和培训大学的教学人员。政府还鼓励私立部门在外国的援助下在本国设立高等教育中心，Ghulam Ishag Khan 科技学院、拉合尔管理科学大学和卡拉奇 Agha Khan 大学就是明显的例子。

在师资力量培训方面，通过教育部的本土奖学金、技术支持方案和侨居国民的技术转让等促进教职员工的发展。为了向高校教师和职业技术教师提供职前和在职培训，分别设立了大学资助委员会下属的国家高等教育学院和国家技术教师培训学院，在这些学院开设的一系列课程极大地促进了师资力量的发展。为培训教育行政人员、规划人员和督导人员，还设立了一所教育规划管理学院，有效地开展了培训工作。

政府推出了大量奖学金计划，以提高高等教育质量。除本土奖学金计划外，还为师生提供了大量文化奖学金到海外深造。为了与外国建立友好关系，巴基斯坦签署了许多协议，包括文化、科技、旅游、教育等领域，教育是这些协议的主要部分，其最大限度地涵盖了高等教育不同领域的教师、教育家、学者和学生。在政策期间，有 33 个国家/机构向巴基斯坦提供奖学金，其中有 25 个国家定期捐款，而巴基斯坦同 48 个以上的国家签署了协定。最大的捐助国是苏联（643）、土耳其（174）、埃及（164）、中国（132）、伊朗（120）、德国（105）和罗马尼亚（100）。换句话说，社会主义国家提供了大部分奖学金，其次是伊斯兰国家。为了促进国家团结和大学之间的密切合作，政府推行了多项创新计划，包括教师发展计划、旨在培养哲学硕士和哲学博士的三明治计划、大学间教师交流计划、研讨会/会议、加强英语培训计划、大学间体育比赛和辩论等。一些大学在互惠的基础上为其他省级大学的学生保留了席位。

学生入学手续也在政策实施过程中得到了完善。各中学间相互竞争从而给学生不合理地夸大分数，而家长们迫于孩子升学的压力，也卷入了各种各样导致职业学院招生扭曲的激烈竞争中。考虑到问题的严重性，政府决定努力改进包括职业学院和大学在内的高校的招生制度，放弃对已有考试成绩的过分重视，而进行经过科学验证的国家统一考试（实施全国教育考试服务）。对于那些有资格被职业学院录取的学生来说，这项考试是强制性的。如果成绩好的学生考试不及格，就不能被录取。

在科学研究方面，当时巴基斯坦大多数大学都没有开展也没有适当鼓励教师参与高水平的研究。

为了加强国家的科研活动，政策期间设立了国家科学研究与发展基金（NSRD Fund），并且成立了一个由著名科学家组成的管理委员会来管理该基金。基金执行的责任首先分配给原子能委员会，后来移交给大学资助委员会，并由其为基金筹款。按照大学研究发展和促进理事会（CAPRU）所制定的方案和优先次序，大量研究项目获得了批准，几乎整个基金被使用。该计划的顺利进行，使巴基斯坦大学在研究能力方面取得了突破。由于巴基斯坦大学/机构/中心与外国大学建立了联系项目，加强了大学内的研究活动，开展了许多合作研究项目。海外开发署原则上同意为20~21个发展项目/联系提供资金，但后来只资助了13个项目的执行，其中包括咨询、访问、设备、培训和合作研究等。事实证明，这些项目效果显著。

1979年的教育政策提出，将拥有必要研究的某些大学部门发展成博士生和博士后课程的高级研究中心，据此政府建立和发展了以下中心/机构，以改善硕士生、博士生和博士后课程，提供更多的设施。

（1）卡拉奇大学HEJ化学研究所；

（2）卡拉奇大学国家职能研究所；

（3）拉合尔旁遮普大学高能物理中心；

（4）卡拉奇大学临床心理学研究所；

（5）白沙瓦大学应用经济学研究中心；

（6）拉合尔旁遮普大学临床心理学研究所；

（7）白沙瓦农业大学发展研究所；

（8）木尔坦巴哈丁扎卡里亚大学数学高级研究所。

虽然该政策设想的是巩固而不是扩大高等教育，但在政策期间还是建立了8所大学，从1978年的15所增加到1991年的22所，而提案中的2所女子大学却没有设立。在此期间，根据政策规定设立了心理学和分子生物学两个卓越中心。文理学院由1978年的429所（119所女子学院）扩展至1991年的643所（231所女子学院），而职业学院并没有增加。政策期间，高等教育机构的入学人数和教师数量总体呈上升趋势，而在某些年份存在波动，女性入学人数也在不断增加。

根据大学资助委员会的调查，1992年，公立大学按绝对数字计算的年度产出如下：

（1）文学/理学学士：116 000人；

（2）文学/理学硕士：26 000人；

（3）哲学硕士：170人；

（4）哲学博士：35人。

上述数据表明，大量的硕士和博士学生没有继续他们的学业，也很少能够完成他们的研究项目。

为了改善高校的物理设施，政府在政策期间启动了一些特别项目，如：给工厂增加科学设施，购买科学期刊；为大学提供研究经费，巩固和提高普通大学科学实验室的教学和研究；在大学和学院建造宿舍，提供交通设施；与外国大学建立联系，购买设备、书库；提供计算机设施，以及不同奖学金方案下的科学研究和员工培训基金。这些方案的主要目的是鼓励基础科学方面的高等教育和培训，并促进本国的科学研究。现有工程和农业教育设施也得到了巩固和完善。

在宗教教育方面，政府在真纳大学设立了一个正式的伊斯兰教法系，后来转到伊斯兰堡国际伊斯兰大学，以促进伊斯兰学习；在各高等院校中开设了伊斯兰教研究和巴基斯坦研究的必修科目。1991年根据《伊斯兰教法》设立了一个教育伊斯兰化委员会，以建议必要的程序，确保教育制度以伊斯兰教的学习、教学和品德建设的价值观为基础。

此外，政府加强了大学资助委员会的权力与职责，使其在统筹和管理本国的高等教育和研究工作方面发挥作用。值得注意的是，政府开始鼓励并第一次允许建立私立教育机构。

该政策在长达13年的时间内一直在执行，在发展高等教育方面成绩斐然。尽管如此，在总的执行情况方面还存在一些问题。这项政策中仍有几个方案没有得到执行，有些方案也没有产生预期的结果。例如设立了一个全国教育理事会，以便不断审查政策，但无法达到预期的目标。这项政策的下列目标未能实现：

（1）简化关于教师参加国家和国际讲习班和课程的程序；

（2）建立全面的教师和管理人员问责和考核制度，确保有效的教学学习环境和制度纪律；

（3）优秀教师创新工作奖；

（4）鼓励教师向政府和其他组织提供咨询服务；

（5）扩大教师住房设施规模；

（6）根据需要和最新的进展，修订文学学士／理学学士学位课程和研究生级别；

（7）修改《大学法案》，以简化大学的工作；

（8）建立国家科学教育中心，提高人民科学技术水平；

（9）毕业生就业培训机会介绍；

（10）建立国家教育研究机构，对国家重大提议和问题的教育研究进行监督和协调；

（11）消除高校的政治干预，营造良好的氛围；

（12）建立国家学生中心，对学生问题、问题和态度进行研究；

（13）在大专及大学阶段，使用国语作为替代教学语言；

（14）在所有教育机构内设立有组织的辅导和指导方案；

（15）国家考试制度的重新定位。

教育落后和困难的问题没有得到根本解决，教育系统，特别是高等教育系统，无法通过科学和技术信息的进步充分应对目前和未来所提出的挑战。虽然一些创新的方案极大改善了高校的教学和学习过程，但是高等教育和研究的标准进一步恶化，这对巴基斯坦今后的每一项教育政策都是一个重大挑战。

第三节 21世纪高等教育的改革与发展趋势

随着社会的发展,教育的需求大幅增加。为了解决教育问题,1988年,巴基斯坦政府要求教育部召开五个省级教育会议,随后于1989年3月28日至30日在伊斯兰堡举行了全国教育会议,由时任巴基斯坦总理的贝娜齐尔·布托主持。会议审议了以下一系列目标,以重新起草该国教育的目标和宗旨:

(1)教育的思想基础;

(2)民族团结;

(3)个人发展;

(4)社会的成长;

(5)经济进步;

(6)社会对教育的需求;

(7)社会平等;

(8)教育质量。

根据上述目标,会议的另一个目的是制定新的机制,以修改在教育方面的优先次序,并修订现有的伊斯兰课程和教科书。鉴于科学知识的大量激增,有必要对农业、工程和科学教育部门的方向进行重新定位。会议的不同小组审议了诸如普及初级教育、科学素养、社会平等、机会均等、新的奖学金计划、妇女教育、人力规划和教育质量等主要问题。会议关于高等教育的主要建议如下:

(1)教师的招聘应仅以业绩为基础,不允许政治干预。

(2)应为教师提供在职培训。为促进教师的职业发展,高校应当为教师提供休假制度。

(3)从提高教师工资、服务结构、现金奖励、加快晋升等方面对教师进行激励。

（4）学院的最低聘任资格为硕士研究生。

（5）建立一个类似巴基斯坦医学和牙科委员会和工程委员会的教师委员会，具有法定保障。他们应该制定并执行一套职业道德规范，并对业内的不当行为进行检查。

（6）在各级教育中开展新一轮课程开发，以消除不足之处。提供出国留学特别奖学金，用于专业课程发展方面的培训。

（7）为高校图书馆的图书、期刊提供经费，并于财政年度初发放经费。

（8）为操场、教室和图书馆的设施提供经费，并提供足够的资金以装备学院和大学的实验室。

（9）为高校建筑的合理维修提供足够的资金。

（10）应重新引入内部考核和外部考核，权重分别为25%和75%。

（11）对审查员和定卷员进行考试和评分技能的培训。

（12）外部学生的考试应由阿拉马伊克巴尔开放大学（Allama Iqbal Open University）从入学考试开始，在所有级别进行。

（13）各级应严格执行公开考试的最低出勤率要求。

（14）引入小学Ⅰ–Ⅷ、中等Ⅸ–Ⅶ、学院三年的学位课程，以及大学层面硕士学位及以上学历的三级教育体系。

（15）立即停止在高等教育方面的扩展，并将拨款用于巩固现有高校。

（16）每年举办一次科技展览会。

（17）在第七个五年计划结束时，教育支出占国民生产总值的比重从2%提高到4%。

（18）应重组Lqra基金，并作为提供给教育的额外拨款。

（19）教育预算可以不失效，财务制度/程序应简化。

（20）进口教育设备可以免征销售税和消费税。

（21）修订高等教育的学费及其他收费，以实现至少10%的成本回收。

（22）所有类型的专业培训都应该通过特定行业的在职培训来完成。

制定国民教育政策的过程一直持续到1992年，最终得到了政府的批准。1992年的政策集中讨论了四个价值：教育、经济、社会和体制。同前几次一样，本政策承认了某些问题和挑战，并承认这些问题对个人没有重大影响，也没有使整个社会受益。

本政策的概念框架与之前的政策基本相同，它继续将伊斯兰价值观念作为教育的首要原则，它的基础也基于同样的价值观。唯一的不同之处在于使用了新的教育术语"伊斯兰化"："通过教育系统灌输伊斯兰教育，以创建一个穆斯林社会。"平等、质量和效率是本政策的原则，差距和不平等也被认为是执行该项新政策要面临的新挑战。

该政策主要侧重于伊斯兰价值观的品格建设。它没有把科学技术作为改善经济和科学研究与工作的手段来重视。几十年来，性格塑造的概念一直是个大问号。关于科学是否能提高人类的福利和发展，本政策中的世界观是完全不同的。策略包括教师综合培训计划、行政重组、教材、教学方法、课程等。该政策的主题是小学教育、宗教和道德教育、教育质量、识字、社会科学发展、预算、教育私营伙伴关系、计算机教育。

1992年，总理纳瓦兹·谢里夫宣布了"国家教育政策1992年"（NEP-92），以简化高等教育的过程。

其后的国家教育政策是民主政府的产物，在这些政府中，教育不是优先事项；然而，政府正在努力使教育现代化。高等教育成为需求驱动因素，研究和社区发展也被列为优先事项，以实现国家的社会变革。像以前的政策一样，由于政府的改变，它未能被充分执行，也没有总结反思这些政策失败的原因，结果高等教育受到的影响最大。这项政策之后是1993—1998年第八个五年计划，为高等教育提供了4.1亿欧元。这里的焦点再次是工程教育和三年学士学位。此外，还设想与国外大学建立联系、增加学费、由大学筹集资金和改进研究。这项计划使私立部门的高等教育和大学夜校项目迅速发展。

就1998—2010年国家教育政策而言，可以说，这是一个以多数当选的民主政府的产物。该政策认识到，高等教育仅限于少数人，与政治纠缠在一起，课程设置不及时、不切合实际，评估制度不健全、不公平，基础设施需要升级，行政管理低效且腐败。政策目标是高等教育专业化、壮大研究型教师队伍，这是需求驱动的，质量优于国际基准。为了实现这些目标，朝着正确的方向努力，政府提出相关建议，高等教育变得更加自主并对社会产生了重大影响。应该说，这是一个外国捐助者参与扭转经济的时期，因此，如果要改革高等教育制度，那么监测高等教育是极其必要的。改革持续进行并提出2001—2004年战略计划，该计划基本上确保了教育部门的自由政策方面的延续，并增加了高等教育机构的入学率。

参考文献

[1] 陈恒敏. 巴基斯坦高等学校的发展沿革及其类型特点探析[J]. 南亚研究季刊, 2018, 172（1）: 5+59-66.

[2] 季诚钧. 印度大学附属制对我国独立学院的启示[J]. 教育研究, 2007（7）: 50-54.

[3] MUNIR M. Study of Higher Education in Pakistan[D]. University of Sindh, Jamshoro, 1992.

[4] BENGALI K. History of Educational Policy Making and Planning in Pakistan[M]. Islamabad: Sustainable Development Policy Institute, 1999.

[5] ZIRING L. Dilemmas of Higher Education in Pakistan: A Political Perspective[J]. Asian Affairs: An American Review, 1978, 5（5）: 307-324.

[6] KHUSHIK F, DIEMER A. Critical Analysis of Education Policies in Pakistan: A Sustainable Development Perspective[J]. Social Science Learning Education Journal, 2018, 3（9）: 1-16.

[7] IBAD F. Analysis of Pakistan's Educational Policy in Terms of Higher Education[J]. Pakistan Business Review, 2017, 19（1）: 273-278.

[8] AHSAN M. An Analytical Review of Pakistan's Educational Policies and Plans [J]. Research Papers in Education, 2003, 18 (3): 259–280.

[9] RIAZ H, JABEEN N, SALMAN Y, et al. A Study of Higher Education Reforms in Pakistan: Key Reforms and Drivers [J]. Journal of the Research Society of Pakistan, 2017, 54 (2).

第二章 高等教育系统的机构与体制机制

第一节 高等学校的类型结构及其特征

巴基斯坦最初的教育形式为宗教教育,主要传播伊斯兰教的文化思想,当今世界主流的文史类和理工类的近代教育初始形态并未在巴基斯坦的历史上自然形成。1857年,莫卧儿帝国(包括今巴基斯坦)遭受英国殖民侵略,殖民者的侵略使巴基斯坦满目疮痍。这场侵略同时也将近代英国先进的高等教育研究成果和管理模式传播到巴基斯坦,并设立了巴基斯坦的第一所大学,不可否认这在一定程度上促进了该国高等教育的发展。巴基斯坦现代学制经过多年发展,形成了初等教育、中等教育和高等教育等层次,然而长期受战乱影响,其教育陷入总体水平偏低、发展速度缓慢的困境,其中高等教育情况最不乐观。20世纪70年代后,巴基斯坦政局逐渐稳定,意识到提高教育水平对其提升综合国力的重要性。在这样的政策背景下,巴基斯坦开始重视高等教育发展,积极建设高等学校体系,巴基斯坦高等教育结构逐渐呈现多样化。

巴基斯坦高等学校系统虽然规模较小,但各个高校师资规模、隶属部门、经费来源、内部组织结构等方面各不相同，形成了十分复杂的结构体系。

一、按办学规模分类

巴基斯坦高校按照办学规模可以分为大学和学位授予学院（Degree Awarding Institution）。两类学校均有授予合格毕业生学位的资格，差别在于其办学规模和师资力量的大小。认证两类高校办学规模的标准包括办学总面积、办学经费、运营资本、全职教师数量及专业数量等多个方面，具体要求如表2-1所示，且有专门的教育部门——高等教育委员会（Higher Education Commission）对其进行评估认证。这一监管政策，有助于巴基斯坦高等学校明确定位，合理制定办学方针，突出教学特色，有针对性地提升巴基斯坦高等教育质量。

表2-1 大学和学位授予学院认证标准

项目	大学	学位授予学院
办学总面积	10英亩[①]	至少3.3英亩
办学经费	约2亿卢比	约5 000万卢比
运营资本	约5 000万卢比	约1 000万卢比
全职教师数量	至少24名	每个专业至少6名
专业数量	至少4个	至少1个

资料来源：陈恒敏，古尔扎·阿里·沙阿布哈里，巴基斯坦高等学校设置制度：缘起、程序及标准［J］. 比较教育研究，2017（7）.

二、按隶属部门分类

巴基斯坦高校从隶属部门上看可分为联邦高校和省属高校两大类。为打击巴基斯坦非法办学的严重现象，巴基斯坦规定，只有经过高等教育委员会的认证并取得高校所在辖区政府特许权状的高校，才有合法办

---

① 1英亩=4 046.86平方米

学资格，基于这一规定，巴基斯坦多数高校遵循"属地管辖"原则。因此位于联邦政府直辖区内的高校属联邦高校，伊斯兰堡首都区内公立联邦高校的校长即为巴基斯坦总统，相关事务由联邦政府负责；位于其他四省内的高校属省属高校，各高校的校长为所在省省长，相关事务由省政府负责。

位于不同辖区的高校办学资源存在差异，这间接导致了巴基斯坦高校教育水平参差不齐。据巴基斯坦高等教育委员会2015年发布的巴基斯坦高校排名显示，排名全国前十的高校中，联邦高校和省属高校旗鼓相当，各占5所，但10所高校全部位于旁遮普省、信德省等经济发达地区。由此可见，巴基斯坦高校管辖级别未造成教学质量上的差异，但旁遮普省、信德省等地相比于开伯尔－普什图赫瓦省不发达地区的优势，以及缺少中央政府宏观把控，造成了巴基斯坦不发达地区高等教育发展的严重落后，高等教育与经济水平的马太效应愈发严重，解决这一问题将是巴基斯坦走向现代化的必经之路。

三、按经费来源分类

从经费来源上看，巴基斯坦高校可分为公立高校和私立高校两种形式。公立高校由政府财政拨款、发放经费，私立高校则依靠本校办学机构或公益组织等获得经费。

巴基斯坦高校在很长一段时间内只有公立一种形式，直至1983年，巴基斯坦首所私立大学——阿迦汗大学建校于卡拉奇，才打破了其高等教育类型结构单一的局面。此后巴基斯坦私立大学迅猛发展，截至2016年，巴基斯坦私立大学数量已增加到75所，同期巴基斯坦公立大学达到108所；而私立学位授予学院有159所，同期公立学位授予学院达到1 259所。

巴基斯坦私立大学对国家的高等教育影响具有两面性。一方面，其为巴基斯坦学生提供了就学机会，缓解了整个国家教育体系的压力，为巴基斯坦教育事业作出了贡献。如阿迦汗大学建校是由于巴基斯坦公立大学官僚作风导致教育质量低下，不能培养出专业素质过硬的商科学生；而拉合尔管理科学大学则是希望通过健康教育及其他领域的教学研究来提高巴基斯坦弱势群体的生活质量。另一方面，大量的非法私立大学降低了巴基斯坦高等教育的可信度。

巴基斯坦的私立大学组成极其复杂。一类是来自爱心人士的善举或慈善组织的募捐，这些公益人士希望普及高等教育，只向就读的学生收取少量的学费；另一类则是来自本校的运行收益，这类私立大学以营利为目的，往往收费较高，远超过巴基斯坦大部分家庭所能承受的范围。

除此之外，中央政府也会给予这两类私立大学适当经费支持。巴基斯坦高等教育委员会针对部分私立大学发起3项资助项目，以提高其教学质量。具体要求如下：

（1）用于本国教师发展培养项目的费用，高等教育委员会全额报销；

（2）用于聘请外国教师及信息化建设的费用，报销比例最高为50%；

（3）用于购买基础设施及学术设备的费用，根据大学具体情况给予报销，同样报销比例最高为50%。

但实际上，巴基斯坦政府教育经费捉襟见肘。据统计，近年来巴基斯坦政府教育支出约占GDP的比重为2.4%，其中高等教育只占22.3%（以2014年为例），在世界范围内处于中下游。其中89%的教育支出为教师工资等日常费用，只有11%的支出用于提升教育质量，显然这并不能满足其需求。且《巴基斯坦观察家报》在2018年8月14日的报道中指出，巴基斯坦高等教育委员会主席贾维德·莱格哈里称，多所大学因为资金不足正处于破产边缘。莱格哈里在会上这样说道："在过去的4个月里，高等教育委员会没有收到来自政府部门的任何资金。白沙瓦大学、旁遮普省的两所大学和信德省的一所大学正在通过银行贷款来支付教师和其他工作人员的薪水。"由此可见，巴基斯坦高等教育质量提升道阻且艰。

四、按内部组织结构分类

从大学内部组织结构的角度考察，巴基斯坦大学可分为单一制大学和附属制大学两大类。巴基斯坦境内第一所大学——旁遮普大学是附属制大学的典型代表，是在巴基斯坦为英属殖民地期间，由英国人模仿英国伦敦大学的教学及管理体系建造的。巴基斯坦后续成立的大部分大学都仿照这一体系，所以巴基斯坦的大部分大学都为附属制大学，少数未采用这一体系的大学即为单一制大学。

巴基斯坦附属制大学通常包含多个附属学院。巴基斯坦附属学院负责培养本科学生，管理高等教育事务。附属学院有自己独立的校园、教师团队、教学计划和管理人员，是一个相当完整的教学机构。其所附属的大学则主要负责把控附属学院的学术标准、管理教学计划及考试安排等，且有对其教学设施进行巡视。

根据学科不同，巴基斯坦附属学院又可分为职业学院（Professional College）和文理学院（Science，Arts Degree College）两类，职业学院专业包含法学、金融、护理、医学、机械、信息工程等多个领域。附属学院和大学及学位授予学院，都需要高等教育委员会进行认证。公立附属学院也会受到政府经费支持，但不同于学位授予学院，附属学院没有授予毕业生学位的资格，只能附属于大学，学生毕业时，所获学位来自大学。

同样受经济发展不均衡的影响，巴基斯坦附属学院的分布主要集中在经济、高等教育水平较高的地区。且各个大学的附属学院数量也存在较大差异，旁遮普大学的附属学院高达 631 所，约占全国附属学院总数的 18%，而巴基斯坦大部分省份的附属学院都没有达到这样的比例。附属学院为学生提供了更多的接受高等教育的机会，在一定程度上缓解了巴基斯坦高等教育压力；但也存在一定弊端，因受其附属大学管理，其自主性和创新性受到限制，且存在管理混乱的现象，造成各附属学院办学质量有高有低，限制了高等教育质量的快速提升。

综上，巴基斯坦的高等学校分类符合其国情，但若想走上现代化发展之路，仍有诸多问题亟待解决。若巴基斯坦高等教育能抓住机遇，迎接挑战，其教育水平必然有所提高。

第二节 各高校、科研机构的师资规模

一、高等教育入学率

高等教育毛入学率是评估高等教育水平的重要参考指标之一，指高校在校学生数与 18~22 岁年龄段人口数之比。通常认为，高等教育毛入学率未达到 15% 的国家处于精英教育阶段，15%~50% 为大众化阶段，50% 以上为普及化阶段。

世界银行数据库数据显示，20 世纪 50 年代末到 70 年代初，欧美发达国家高等教育成长迅速；1994 年，经济合作与发展组织成员国平均高等教育入学率为 51%，实现高等教育普及化；2009 年，美国高等教育入学率增至 89%，居世界首位。而发展中国家则相对落后，20 世纪 80 年代末仅为 8.3%，尚处于精英教育阶段。

2007—2016 年，巴基斯坦高等教育毛入学率（如表 2-2 所示），无论是与英美等发达国家还是与像中国这样的发展中国家相比，都相差甚远。巴基斯坦仍处于精英教育阶段，从高中毕业的学生人数和进入大学接受高等教育的学生人数差距巨大，且据估计这一差距将继续增大。高等教育毛入学率低又在一定程度上导致了其提高高等教育质量时缺少人才支撑，由此可见巴基斯坦高等教育发展任重而道远。除此之外，由于性别歧视问题严重，巴基斯坦女性毛入学率低于男性。巴基斯坦高等教育入学率虽上升速度缓慢，但整体呈现上升趋势。

表 2-2 2007—2016 年巴基斯坦高等教育毛入学率

年份	高等教育毛入学率 /%
2007	5.6

续表

年份	高等教育毛入学率 /%
2008	5.6
2009	6.9
2010	—
2011	8.6
2012	9.9
2013	10.4
2014	10.3
2015	9.4
2016	9.7

二、人均受教育年限

人均受教育年限指某一群体受学历教育的年限总和的平均数，它可以反映一个国家的高等教育规模。

据联合国开发计划署统计，2017 年世界女性人均受教育年限为 7.9 年，男性为 9 年，男女相差不大；经济合作与发展组织成员国女性人均受教育年限高达 11.8 年，男性人均 12.1 年。1990—2017 年，巴基斯坦女性人均受教育年限从 1 年增至 3.8 年，男性从 2.7 年增至 6.5 年（如表 2-3 所示）。从这一角度来看，巴基斯坦大部分民众没有接受过高等教育，甚至没受过中等教育，且由于性别歧视，巴基斯坦男性平均受教育年限远高于女性。其国民女性期望受教育年限为 7.8 年，男性为 9.3 年，与实际情况落差较大，但这也表明巴基斯坦高等教育市场需求较大。

表 2-3 1990—2017 部分年份巴基斯坦人均受教育年限

单位：年

年份	成年女性平均受教育年限	成年女性期望受教育年限	成年男性平均受教育年限	成年男性期望受教育年限
1990	1.0	3.0	2.7	6.2
1995	1.3	3.9	3.5	6.6
2000	1.4	4.8	3.7	7.0
2005	1.5	5.7	4.0	7.4
2010	3.0	6.8	6.1	8.2
2011	3.1	6.8	6.2	8.3
2012	3.6	7.0	6.4	8.4
2013	3.7	7.0	6.5	8.5
2014	3.7	7.4	6.5	8.7
2015	3.7	7.4	6.5	8.9
2016	3.8	7.8	6.5	9.3
2017	3.8	7.8	6.5	9.3

三、高等教育机构

21 世纪以来，巴基斯坦高校数量明显增加（如表 2-4 所示）。2002 年，巴基斯坦拥有高校 60 所，其中公立高校为 40 所（66.6%），私立高校为 20 所（33.3%）。到 2019 年，巴基斯坦高校总数已经增长到 194 所，其中公立高校为 115 所，占比 59.3%，私立高校为 79 所，占比 40.7%。同一时期，全国接受高等教育人数从 27.6 万人增加到 129.8 万人，增加 3.7 倍。

在《泰晤士高等教育》发布的 2018 亚洲大学排名中，巴基斯坦有 3 所高校位列前 200，分别为真纳大学（第 49 名）、COMSATS 信息技术学院（COMSATS Institute of Information Technology，第 125

名）及国家科技大学（National University of Sciences and Technology，第 162 名）。

表 2-4 2006—2017 年巴基斯坦高校数量

单位：所

年份	高等中学/国际学院（Higher Sec/Inter Colleges）	学位授予学院（Degree Colleges）	职业技术研究院（Technical & Vocational Institutions）	大学（Universities）
2006	3 095	1 166	3 090	120
2007	3 213	1 202	3 125	124
2008	3 242	1 336	3 159	129
2009	3 329	1 439	3 192	132
2010	3 435	1 558	3 224	135
2011	4 515	1 384	3 257	139
2012	5 030	1 534	3 290	147
2013	5 179	1 086	3 323	161
2014	5 393	1 410	3 579	163
2015	5 470	1 418	3 746	163
2016	5 130	1 431	3 798	185

四、教育公共支出占 GDP 的百分比

教育公共支出占 GDP 的百分比，可以体现出国家对于教育事业的重视水平。教育公共支出占 GDP 的百分比是指特定财年，教育公共支出总额（经常性支出和资本性支出）占 GDP 的百分比。教育公共支出包括政府在教育机构（公立和私立）、教育行政管理和私人实体（学生/家庭及其他私人实体）补贴方面的开支。据联合国教科文组织统计，巴基斯坦 2004 年教育公共支出占 GDP 的百分比是 1.948%，2017 年增至

2.758%，2004—2017 年教育公共支出占 GDP 的百分比有起有落，虽总体上占比有所提高，但涨幅不大，具体数据如表 2-5 所示。

表 2-5 2004—2017 年巴基斯坦教育公共支出占 GDP 的百分比

年份	教育公共支出占 GDP 的百分比
2004	1.948
2005	2.254
2006	2.626
2007	2.635
2008	2.746
2009	2.591
2010	2.287
2011	2.222
2012	2.136
2013	2.493
2014	2.466
2015	2.65
2016	2.492
2017	2.758

同一时期，经济合作与发展组织成员国教育公共支出占 GDP 的平均百分比在 4.78% 至 5.496% 之间起伏波动，世界各国教育公共支出占 GDP 的平均百分比在 4.031% 至 4.888% 之间波动。对比可以看出，巴基斯坦尚未达到 10 年前世界平均水平，其对高等教育的重视程度有待提高。

五、师生规模

高等教育教师队伍建设对高等教育大众化起保障作用,对高等教育质量提升起促进作用,对国家综合国力提升起支撑作用。师资力量充足优质,是满足学生教学工作要求的前提,人力资源的优化配置和充分利用,则是提高教学效率和办学效益的有效途径。

师生比为学校教师人数与培养学生人数之比。高等教育师生比是衡量高校办学水平的重要标准,也是世界上比较流行的考查高等教育发展水平的指标,在《泰晤士报》对世界大学的排名中,"师生比"这一指标被赋予了20%的权重系数。巴基斯坦经济调查报告显示,2012—2013年其教师数量为274 500人,而2016—2017年其教师数量仅剩235 133人,下降14.3%,高校教师数量减少会加重教师的负担,阻碍国家高等教育水平的提高。除此之外,高等教育师资力量发展不均衡,大部分教师集中在高等/国际学院,只有少数教师分散在其他各高等教育机构。

六、高等教育国际化

在全球化的浪潮中,高等教育国际化是世界各国高等教育的必然走向,也是高等教育水平落后地区提升高等教育质量的必经之路。近年来,巴基斯坦政府积极推行高等教育国际化的相关政策,大力开展本国高校与外国高校的交流互动项目,促进巴基斯坦向世界高等教育水平突出的国家学习。巴基斯坦的高等教育拥有巨大潜力,且有着教学语种(英语)优势,其已成为当今亚洲南部地区不可忽视的国际高等教育中心。在巴基斯坦高等教育委员会认证的高校中,与国外知名高校开展合作课程的已有27所,合作国家多为英国、美国、新加坡、澳大利亚等发达国家,课程覆盖金融、法学、建筑、信息工程等多个领域,但主要集中在有实用价值的专业,具有明显的就业导向性。

学生国际交流包含外国留学生来本国就读和本国学生去外国进修两

个层面。目前，巴基斯坦高等教育国际化主要体现在出国进修。联合国教科文组织的统计数据显示，巴基斯坦的出国留学人员数量逐年增多，具体数据如表2-6所示。

表2-6 2011—2017年巴基斯坦出国留学生人数

年份	出国留学人数/人
2011	41 936
2012	39 314
2013	41 212
2014	44 615
2015	48 539
2016	51 902
2017	51 894

第三节 高等教育的管理体系

巴基斯坦是一个政治较不稳定、经济相对落后的发展中国家，这对国家各部门管理造成了不同程度的影响，其中包括高等教育相关部门。多年来，巴基斯坦高等教育发展缓慢。虽然建国后，巴基斯坦高校数量大幅增长，但其教育质量并没有得到保证。高校管理组织是高校结构及高校文化的一部分，拥有合理的高校管理体系，是大力发展高等教育的前提。

一、学术监管部门

2002年，巴基斯坦成立高等教育委员会以掌管高校的运作情况，规定其负责巴基斯坦高等教育公共基金分配、监督管理、学位课程认证及高等教育相关政策制定等事务。为保证工作运转、提高工作效率，高等教育委员会根据职能划分为人力资源开发部、学术部、学习和创新部（Learning and Innovation Division）、服务部、财务部及质量保证部（Quality Assurance Division）多个部门，这些部门分工合作，共同为巴基斯坦高等教育水平提升作出努力。高等教育委员会部分具体职责如下：

1. 对合法高校进行认证

巴基斯坦高等教育的供应缺口使一些资产阶级看到了商机，使得巴基斯坦非法办学问题十分突出，这一问题扰乱了巴基斯坦高等教育市场，不利于学生的培养和高等教育体系的健康发展。针对这一问题，高等教育委员会在其官方网站发布了通过认证的大学和学位授予机构的名单，学生可以在申请学校时自行查询。

2. 对高校进行监督管理

高等教育委员会网站设有学生申诉平台，学生可以在该平台针对以下问题提出申诉：

（1）入学问题；

（2）错误/误导性信息；

（3）歧视；

（4）骚扰；

（5）奖学金评选；

（6）费用问题；

（7）行政问题。

该平台为学生提供表达不满的机会，以便学生能够得到高等教育机构高层的回应，使问题得到及时解决；保证学生个人更好发展的同时，也便于在实现高等教育战略目标的路上能作出正确的方向判断，采取正确的战略行动，为巴基斯坦知识型经济建设作出贡献。

据高等教育委员会2012年统计，学生申诉数量排名前12位的大学如图2-1所示，其中白色表示已经处理完毕的申诉数量，灰色表示还在处理中的申诉数量。

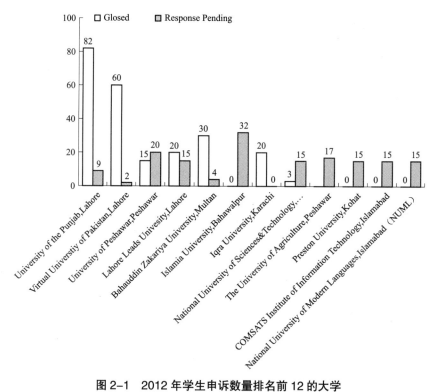

图 2-1　2012 年学生申诉数量排名前 12 的大学

3. 参与高等教育相关政策的制定

2015 年，高等教育委员会制定并颁布了巴基斯坦国家教育资格认证框架（National Qualifications Framework），该框架规定了学位等级以及相应的授予条件，其中高等教育部分具体内容如表 2-7 所示。

表 2-7　高等教育学位资格认证

年级	授予类型	授予示例	学期/学分
21 20 19	博士学位	PhD	1. 18 学分课程； 2. 有至少两名来自科技/学术先进国家的 PhD 以及一名当地专家和博士委员会成员对其论文进行评估

续表

年级	授予类型	授予示例	学期/学分
18 17	硕士学位	MA/ M.Phil./ MS/ MBA、M.Sc.（Eng.）、M.E、M. Tec	至少 30 学分（无论有无论文）
16 15	学士学位	BS，B.E，B.Arch.，BSc（Eng.），BSc（Agri），MA/ MSc（16 year）；LLB，B.Com（Hons），MBBA，DVM，EDs Pharm D	8~10 学期/124~140 学分
14 13	副学位 （Associate Degree Ordinary Bachelor）	BA/BSc（Pass），ADE，Associate Degrees etc.	4~6 学期/50 以上学分

资料来源：HEC National Qualifications Framework of Pakistan 2015，P6.

高等教育委员会是一个独立自治的高等教育机构，力求对巴基斯坦高等教育现状作出理性、客观的分析。高等教育委员会在过去的几年里，不断提升教师队伍素质水平，加强高等教育基础设施建设，进行课程审查，促进大学和相应行业的研究合作，并积极兴建科技园区。

二、行政监管部门

第 18 次宪法修正案后，巴基斯坦各省依法管理全省各级教育。开伯尔 - 普赫图赫瓦和旁遮普省设立了独立的行政部门——高等教育部。而俾路支省和信德省由负责学校教育事务的部门同时负责行政监管事宜。除此之外，旁遮普省和信德省还通过各自的省议会设立了省级高等教育委员会。

旁遮普省作为巴基斯坦教育大省，拥有数量众多的学位授予学院、大学及高等教育机构。因此旁遮普高等教育部依靠强大的外地办事处网络来保证其行政政策的实施，这一网络包括公共教育学院理事会（Directorate of Public Instructions Colleges）、9 所分部理事会（Divisional

Directorates)、37 所地区理事会（District Directorates），由它们共同管理旁遮普省内 740 所学院。除此之外，40 所公立/私立大学和 26 所自治机构也在旁遮普高等教育部的监督下运作。

三、高校内部组织结构

1. 参议院

巴基斯坦大学内部设立参议院（Senate），它是校内的最高权威机构，具有高校的监督权，由校长负责大学的所有职能。通常情况下，参议院每年或每两年召开一次会议，审核大学规章制度、批准经费等，有时还为大学校长挑选候选人。其主要职能如下：

（1）建议、批准年度工作计划、年度预算、年度报告及年度财务报表；

（2）监督高校学术项目质量，审查高校的学术事务；

（3）批准任命院长、教授、高级教师及高级管理人员等；

（4）为高校内所有职员制订计划及指导方针；

（5）批准战略计划；

（6）批准高校的财政资源发展计划；

（7）考虑辛迪加（Syndicate）及学术委员提出的规章草案，按相关规定进行处理；

（8）主动制定规章制度，并在征求辛迪加或学术委员的意见后给予批准；

（9）根据规章撤销参议院成员；

（10）根据规章，任命辛迪加及学术委员会成员（不得任命前成员）；

（11）根据规章，任命名誉教授。

2. 辛迪加

除参议院以外，高校内还设有辛迪加机构。辛迪加是高校内的执行机构，对高校的相关事务进行管理和监督，包括高校资产管理、预算制定、职员招聘等事务。按相应政策规定，辛迪加部分权力具体如下：

（1）审议年度报告、年度预算估计，过审后交送参议院；

（2）负责高校收入、支出、资产、负债等所有款项的财务记录；

（3）代表高校订立、变更、执行或取消合同；

（4）提供图书馆、家具、机械设备等开展高校工作所需设施；

（5）建立及维护学生宿舍，批准学生入住；

（6）安排学院和部门检查；

（7）必要情况下，增设／废除某些行政或其他类型岗位；

（8）规定高校职员的职责；

（9）按要求，向参议院汇报有关事务；

（10）根据规定，任命机构成员；

（11）向参议院提交规章草案，规范高校学生行为和纪律。

四、高等教育管理深受政治影响

近年来，关于应由大学"内部专业学者"还是"外部组织"来执任高校管理董事会，一直是备受争论的问题。但不可否认的是，巴基斯坦高等教育的诸多事务被高度政治化，巴基斯坦政治和教育体系紧密相连，这是影响其高等教育迅速发展的因素之一。

通常，巴基斯坦公立大学由省长或者总统担任校长，只需设副校长，在这种情况下，副校长即为巴基斯坦高校里的掌权人。选拔副校长的标准往往不是其学术能力，而是与其自身的官僚背景和家族背景有关，所以大学里的副校长一般是一些退役将军（中将以上）、大使，或者大资本家，这些人普遍缺乏专业知识来应对高等教育提出的诸多挑战。领导巴基斯坦教育体系建设的教育部门情况类似，部长通常由政客担任，而不是在教育领域有所建树的教育家。

除此之外，教育政治化还造成了巴基斯坦教育，特别是高等教育的腐败，从教育预算到实际花费，全部在政客的控制之下。教育政策的政治性制定及执行对巴基斯坦高等教育造成了压倒性的影响，在很大程度上破坏了其高质量的高等教育体系建设。

世界银行报告指出，高等教育的蓬勃发展需要一定的自治权，国家高程度地参与高等教育的管理，干预其政策决策，会抑制其创新及活力。

大学是高等教育系统的支柱，他们必须有足够的自主权来管理他们的学术、行政和财务等事务。特别是，大学必须有自主制定其学术方案，招聘、评估和培训其教师，挑选、培训和教育其学生的权力。与缺乏自治权的公立大学相比，私立大学的管理体系效率更高，自主性更强，通常由大学创始人或所有者来任命大学内部理事会成员。

根据巴基斯坦2002年一项工作报告（Task Force Report）建议，巴基斯坦需要一个有远见的教育部门理事会，能以长远的眼光看待巴基斯坦高等教育的社会影响，制定合理战略措施，能充分利用资源实施战略计划，实现提升巴基斯坦高等教育质量的任务，以得到国内及国际学术界的认可。

除此之外，巴基斯坦公立大学组织结构也应适当调整，以实现公立大学的合理管理。各大学的董事会应负责确定大学发展方向，制定大学政策，监督大学绩效及管理大学资产。下属部门分管大学事务，如依据教师学术水平等因素合理制定薪资标准、学术质量监管及奖励、学生招生选拔等。只有大学董事会及下属部门被赋予的职责增多，其自治程度才能提高。

董事会成员的任命形式也是评估大学自治程度的重要标准。根据世界银行的报告（2000年），基本上有4种方式任命董事会成员，它们是

（1）国家元首或总理可以直接控制选择；

（2）（高等）教育部长可获得指定授权；

（3）由各利益相关方或选区选出其代表在董事会任职；

（4）董事会成员可通过程序选择自己的替代人选。

实际上，这4种方法很少以纯粹的形式出现，大多数国家采用这些方法的混合。

参考文献

[1] 世界银行.世界发展指标[EB/OL]. http://databank.shihang.org/data/source/world-development-indicators，2018-05-29.

[2] Academy of Educational Planning & Management. Pakistan Education Statistics 2016–2017 [EB/OL]. http://library.aepam.edu.pk/Books/Pakistan%20Education%20Statistics%202016–17.pdf, 2018–05–30.

[3] 刘成玉, 蔡定昆. 教育公平: 内涵、标准与实现路径 [J]. 教育与经济, 2009 (3): 10–14.

[4] Power and Function of the Syndicate in Shifa Tammer-e-Millat University. https://stmu.edu.pk/about/governance/syndicate/.

[5] SULTANA, NAVEED. How Does Politics Affect Higher Education In Pakistan [J]. Asia Proceedings of Social Sciences, 2018, 2(4): 43–46.

[6] 开伯尔-普赫图赫瓦政府高等教育档案图书馆 (Higher Education Archives & Libraries) 官方网站. http://hed.gkp.pk/?page_id=175.

[7] 旁遮普政府高等教育部官方网站. https://hed.punjab.gov.pk/organogram.

[8] USMAN, S. Governance and Higher Education in Pakistan: What Roles Do Boards of Governors Play in Ensuring the Academic Quality Maintenance in Public universities Versus Private Universities in Pakistan? [J]. International Journal of Higher Education, 2014, 3(2): 38–52.

第三章 巴基斯坦代表性大学介绍

一、真纳大学

真纳大学（原伊斯兰堡大学）是一所联邦公立研究型综合大学，1967年7月根据国民议会法案成立，位于伊斯兰堡首都区行政中心——伊斯兰堡市。

半个世纪以来，真纳大学以"实事求是（Honesty and Truthfulness）""改革创新（Originality）""合作共赢（Collaboration）""求同存异（Distinction）""国家意识（Consciousness）"为核心价值，不断探索，希望能为来自全国各地的学生提供可负担的高水平教育，培养其高尚的道德情操，锻炼其动手实践能力，开阔其思维视野，致力于成为一流的研究型机构，以促进巴基斯坦向知识经济转型，推动巴基斯坦向更好更强发展。

目前，真纳大学里有4个学院和9个教学研究机构，总占地1 700英亩。其中，4个学院为生物科学学院、自然科学学院、社会科学医院及医学院（附属学院），9个研究机构包括非洲、南美洲、北美洲地区研究中心、性别研究中心、巴基斯坦国家研究所、心理学国家研究所、历史文化国家研究所、亚洲文明国家研究所和计算机中心。真纳大学设有先进的实验室和图书馆，还设有体育馆、操场、咖啡馆等公共设施，为学生的学习生活提供便利。

真纳大学每年7至8月，12月至次年1月按地区配额和自费教育计划进行招生，具体地区配额占比如图3-1所示。

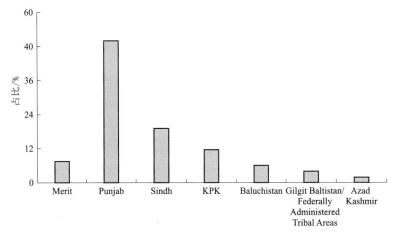

图3-1　真纳大学学士及硕士招生各地区配额占比

该大学的授课语言为英语，每年颁发一次学士学位，计算机/信息工程类短期证书/文凭、硕士研究生学位（Master）、研究型硕士（MPhill）、博士学位每学期颁发一次。除此之外，真纳大学为军人子女、残疾学生、少数民族及体育生设有专门招生名额。为满足巴基斯坦不断增长的教育和技术需求，真纳大学每年招收5 500多名学生，其中大部分为研究生，本科生占比较小。

真纳大学事务由副校长主持，下设多个管理岗位分管不同事务：主任（Registrar），管理大学建设及计划发展；财务主管，管理大学收入及预算估计；考试主管（Controller of Examinations），负责信息保密及举行考试；服务部，负责图书馆、医疗部、体育部等公共服务。除此之外，计算机中心主任、审计部、学院院长等也共同参与真纳大学管理，以保证真纳大学正常运转。真纳大学行政组织部分结构如图3-2所示。

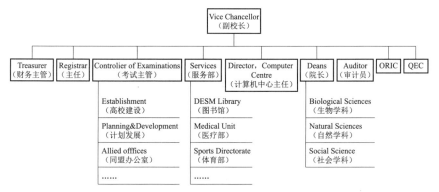

图 3-2 真纳大学行政组织部分结构

真纳大学是巴基斯坦首屈一指的高校,《泰晤士高等教育》相关统计显示,2018 年真纳大学在亚洲大学中位列 79,是巴基斯坦排名第一的高等院校,世界排名位于 401~500;在 2018 年 QS 亚洲大学排名中,位列 133,世界排名 651~700;在巴基斯坦高等教育委员会发布的大学排名中也一直处于前列。真纳大学以优秀的研究成果和教学水平而闻名,其教师队伍素质过硬,可在高水平研究期刊上发表世界一流的研究成果,部分教师一直在牛津大学、剑桥大学、哥伦比亚大学及海德堡等大学工作。在真纳大学里,教师和学生互相尊重,教学相长;学生之间彼此平等,互相学习。为提供高质量的课程,真纳大学和欧洲、南亚及美国的一些著名高校建立合作关系,并与联合国教科文组织(UNESCO)、巴基斯坦国际研究支持倡议计划(International Research Support Initiative Program,简称 IRSIP)、西班牙国际合作署(Agencia Española de Cooperación Internacional)等国际教育研究组织协作开展了研究活动。相比巴基斯坦其他高等院校,真纳大学国际知名度较高,因此吸引了大量国内外不同地区和背景学生报考,这些学生在接受知识的同时,也为真纳大学注入了新鲜的血液,使得学生可以在多元的文化教育环境中,享受大学的美好时光。

二、拉合尔旁遮普大学

拉合尔旁遮普大学隶属巴基斯坦教育部,1882 年 10 月 14 日建于拉合尔。

拉合尔旁遮普大学致力于为不同阶层的学生提供学习机会，以学生为中心开展教学、科研活动，促进学生多方面发展；希望学生在此学习专业知识技能，以创造性和批判性的方式思考，具有强烈的使命感和责任感，能在科学研究、社会文化、经济和政治等各行各业发挥领导潜力，扩大该校在巴基斯坦及国际上的影响力，为巴基斯坦甚至国际作出积极贡献。

拉合尔旁遮普大学作为巴基斯坦建国时的第一所大学，其历史悠久，文化底蕴深厚，是巴基斯坦最大、最古老的高等学府，在巴基斯坦的高等教育中发挥着主导作用。拉合尔旁遮普大学凭借其优越的地理等优势，经过多年的发展，如今规模已经极其庞大。拉合尔旁遮普大学拥有 5 个校区，其中 Allama Lqbal 校区以伟大的南亚思想家、诗人的名字命名，坐落于繁华的拉合尔市中心，校内建筑呈伊斯兰风格；距 Allama Lqbal 校区 12 千米远处，是拉合尔旁遮普大学的另一校区——Quaid-e-Azam 校区，其以国父的名字命名，该校区占地 1 800 英亩，是拉合尔旁遮普大学的学术、行政活动中心；除此之外，拉合尔旁遮普大学在 Khanaspur 还设有暑校，位于 Ayubia 附近的喜马拉雅山脉中，海拔约为 7 000 英尺[①]，该校区除提供研究设备外，还是师生的休闲娱乐中心；拉合尔旁遮普大学还在古吉兰瓦拉（Gujranwala）和杰赫勒姆（Jhelum）开办了分校，开设四个学科，即工商管理、商业、法学和信息技术，未来还可能会增设其他科目。

据官方统计，拉合尔旁遮普大学由 13 个学院（Faculty）、10 个组成学院（Constituent Colleges）、73 个系（Department）、中心（Centre）、研究所（Institute）及 614 个附属学院（Affiliated College）组成，拥有 800 多名终身教学/科研教师和 36 000 多名在校学生。其中 13 个学院为：艺术和人文学院（Arts and Humanities）、商务学院（Commerce）、教育学院、健康科学学院、法学院、东方文化学院（Oriental Learning）、科

---

① 1 英尺 =0.304 8 米

学院（Science）、行为社会科学学院、经济管理学院、工程技术学院、伊斯兰教学院、生命学院及药学院。拉合尔旁遮普大学提供医疗、交通、图书馆、体育等多种公共设施，为广大师生提供良好的学习、科研及生活环境。

拉合尔旁遮普大学现遵行《1973年旁遮普大学条例》进行相关事务管辖。旁遮普省省长任该校校长，由其负责主持校参议院会议、授予荣誉学位。大多数情况下，校长根据省教育部部长的建议管理校内相关事务。副校长是学校的主要负责人，统筹管理学术、财政、行政等多方面事务，具体工作由相关部门负责人开展。行政结构包括参议院和辛迪加两大组织。大学内的最高机构是参议院，它需审核批准辛迪加提出的制度草案，检查学术年度报告、财务年度报表等。而辛迪加是大学内的执行机构，其实施有效措施以提高教学、研究标准，对大学财务进行管理和监督等。除此之外，各学院也设有学院董事会，由其各自的院长主持，还下设多个部门分管不同的具体事务。

拉合尔旁遮普大学因其卓越的学术水平和研究成果而闻名，历史上有两位诺贝尔奖获得者曾在该校就读。哈尔·葛宾·科拉纳（Har Gobund Khorana）于1943年在拉合尔旁遮普大学获得理学学士学位，又于1945年在该校获得理学硕士学位。1968年，他与尼伦伯格（Marshall W. Nirenbreg）同获诺贝尔生理学/医学奖。另一位诺贝尔奖得主为阿卜杜勒·萨拉姆（Abdus Salam），他曾在拉合尔旁遮普大学的入学考试中取得有史以来的最高分，并曾获得该校管理学院奖学金。1946年，阿卜杜勒·萨拉姆获得硕士学位，1952年任职该校数学系主任，他于1979年获诺贝尔物理学奖。

拉合尔旁遮普大学因高水平的教育科研，在世界知名大学中享有较高的地位，优秀的教育质量、愉快的学习环境、现代化的基础设施及低廉的学费，使之成为学生的报考首选。其积极促进师生海内外交流活动，为符合申请条件的学生及教师提供奖学金，为他们提供继续学习深造的机会。近年来，在"一带一路"倡议的影响下，拉合尔旁遮普大学积极与我国各高校开展合作：2017年9月江西理工大学、中国三峡南亚投资有限公司与拉合尔旁遮普大学达成三方合作共识，并签署了2+2模式电气工程学士学位专业奖学金项目合作备忘录；2018年3月，东北大学与拉合尔旁遮普大学签署联合培养博士项目备忘录，5月东北大学秦皇岛分校与其签订联合培养历史学博士项目合作协议；2018年12月，武汉理工学院与拉合尔旁遮普大学签署框架合作协议。

三、COMSATS信息技术学院

COMSATS信息技术学院（简称CUI）成立于1998年，并于2000年8月获得联邦政府颁发的章程。CUI由南方可持续发展科学和技术委员会（COMSATS）①成立，目前，CUI具有公立部门学位授予高等教育机构的地位。

CUI以大力开展研究、推广高等教育和提供公共服务为己任。CUI开展高质量的科学研究，不断提高学生及教师的探索力和创造力；提供多元化的学习环境，招收不同文化背景的学生，传播知识；并积极将学术专业知识应用于解决社会问题，与企业、政府等合作，为有需要的机构或个人提供帮助，争取加强对国家的服务。

目前，CUI共有8个校区，其中7个已通过认证。据官方统计，CUI共有6个学院、18个学术部门（Academic Department）、10个研究中心，其中6个学院为信息科学技术学院、商业管理学院（Business Administration）、工程学院（Engineering）、科学院、建筑设计学院及健康科学学院。在校职工3 118名，学生37 570名，其中77%的学生为男生，约为女生人数的3.3倍。CUI设有先进的实验室和图书馆，学生及教师可将自己的研究成果上传到相关门户网站，及时实现信息共享，为学生的学习生活提供便利。

---

① 南方可持续发展科学和技术委员会（COMSATS）是一个国际性政府组织，在三大洲（亚洲、非洲和拉丁美洲）拥有21个成员国，包括中国、巴基斯坦、哥伦比亚、埃及、加纳、伊朗、牙买加、约旦、孟加拉国、哈萨克斯坦、朝鲜、尼日利亚、菲律宾、塞内加尔、斯里兰卡、苏丹、叙利亚、坦桑尼亚、突尼斯、乌干达和津巴布韦，它旨在通过科学技术应用来减少发达国家与发展中国家之间日益扩大的差距。

CUI 设有多个岗位分管不同事务，其中包括校长、主任、考试中心主管、财政主管、计划发展部主任等，CUI 行政组织结构如图 3-3 所示。

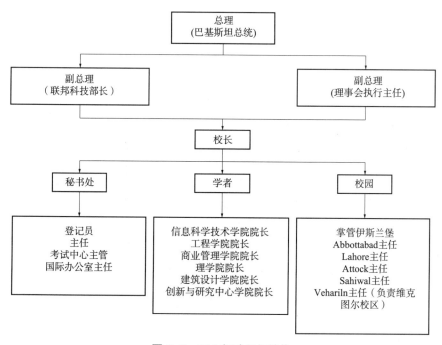

图 3-3　CUI 行政组织结构

《泰晤士高等教育》相关统计显示，2018 年 CUI 位列亚洲大学 125，是巴基斯坦排名第二的高等院校，世界排名在 601~800。在 2018 年 QS 亚洲大学排名中排名第 190。2017 年，CUI 在时代高等教育（TIMES Higher Education，简称 THE）金砖国家和新兴经济体排名中位列 137，并被 THE 评为全球 150~200 所顶尖年轻大学之一，其发展潜力不可小觑。并且 CUI 在巴基斯坦高等教育委员会发布的大学排名中也一直位于前 10，尤其是在 2012 年计算机科学和信息技术类中夺得第一名。长期以来，CUI 致力于成为巴基斯坦顶级研究机构和最好的高等教育机构，它也计划成为一所大学，名为"COMSATS 大学"。

近年来，CUI 积极开展国际交流合作，CUI 与世界各地区交流情况如图3-4所示。CUI为COMSATS提供100个奖学金名额,为OIC[①]提供50个奖学金名额,为ISESCO[②]提供50个奖学金名额,具体学科包括:计算机科学[包括健康信息学(Health Information)、管理学]、电气工程、生物科学、数学、物理学及气象学。除此之外,CUI还为阿富汗大学联盟[③]及斯里兰卡、不丹、马尔代夫、尼泊尔等11个国家提供不同数量的奖学金以供有需求的学生申请。

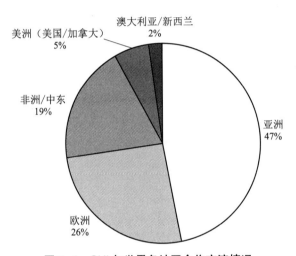

图3-4　CUI与世界各地区合作交流情况

四、巴基斯坦国立科技大学

巴基斯坦国立科技大学(National University of Sciences and Technology, Pakistan, 简称NUST)是巴基斯坦政府为促进科学技术发展于1991年3月建立的,主校区坐落于巴基斯坦首都伊斯兰堡,是巴基斯

---

① 伊斯兰合作组织(OIC)是仅次于联合国的第二大政府间组织,拥有遍布四大洲的57个国家,该组织是伊斯兰世界的代言人,本着促进世界各国人民之间国际和平与和谐的精神,确保维护伊斯兰世界的利益。

② 伊斯兰教科文组织(ISESCO)由伊斯兰会议组织成立,是最大的国际伊斯兰组织之一,专门从事教育、科学和文化领域的工作。

③ 包括赫拉特大学、喀布尔大学、谢赫扎耶德大学、坎大哈大学。

坦顶尖的综合型、学术型、研究型大学。

巴基斯坦国立科技大学专注于创造、创新、创业，以透明、公正为原则，为师生提供平等的学习机会，培养其领导能力，使其充分发挥潜力，成为社会变革的推动者，以引领巴基斯坦向快速发展的知识型经济转型，促进巴基斯坦进步繁荣。除此之外，巴基斯坦国立科技大学还不断加强与国际组织和各高校的合作联系，提高全球知名度，致力发展为世界卓越的高等教育机构，以从容迎接巴基斯坦面对的社会、经济和环境等多方面的挑战。

巴基斯坦国立科技大学拥有多个校区，分布在巴基斯坦各地。其中心校区位于伊斯兰堡，另有校区位于拉瓦尔品第、里萨尔普尔及卡拉奇等地。该校设有10个学院（College）[①]、5个研究中心，其中10个学院为：商学院、艺术设计与建筑学院、应用生物学学院、自然科学学院、土木与环境工程学院、化学与材料工程学院、电气工程与计算机科学学院、机械与制造工程学院、和平与冲突研究所（NUST Institute of Peace and Conflict Studies）、社会科学与人文学院。国立科技大学还设有先进的实验室和图书馆供师生学习，除此之外，还有俱乐部、社团及学生中心等组织各类活动以丰富学生的大学生活。

巴基斯坦国立科技大学在教学、科研、创新等方面为巴基斯坦其他高校树立了良好的榜样，为巴基斯坦高级人才的培养提供了有利的环境。《泰晤士高等教育》相关统计显示，2018年巴基斯坦国立科技大学位列亚洲大学第162，是巴基斯坦排名第3的高等院校，世界排名在601~800。在2018年QS亚洲大学排名中，巴基斯坦国立科技大学排名第91，是巴基斯坦排名第一的高等院校，世界排名在431~440。2018年，巴基斯坦国立科技大学在时代高等教育亚洲大学排名中位列162。而且巴基斯坦国立科技大学在2015年巴基斯坦高等教育委员会发布的大学排名由第6位上升到第3位，并在2016年工程技术类大学排名中夺得

---

① 包括航空工程学院、电气与机械工程学院、军事工程学院、军事信号学院、巴基斯坦海军工程学院。

第一，是巴基斯坦实力雄厚的理工类大学。

巴基斯坦国立科技大学已经与多所国际知名大学建立了联系，以确保知识的双向流动，紧跟现代高等教育研究趋势。巴基斯坦国立科技大学与北京航空航天大学于2017年"一带一路"国际合作高峰论坛上签署"共建北航北斗丝路学院合作备忘录"；同年11月，北京航空航天大学北斗丝路学院院长率团出访巴基斯坦国立科技大学，两校针对北斗卫星导航系统在巴基斯坦应用推广、科研合作及教师、学生交换以及未来在中巴经济走廊北斗卫星导航系统应用等领域提出了合作意向。2018年12月4日，巴基斯坦国立科技大学校长等一行4人访问北京航空航天大学，表示将继续深化两校在人才培养、科学研究等领域的合作。除此以外，巴基斯坦国立科技大学还于2018年与香港理工大学、浙江大学签署三方合作备忘录，与长安大学签署合作协议。

参考文献

［1］真纳大学官方网站. https：//qau.edu.pk/introduction/.

［2］真纳大学官方招生配额统计. http：//qau.edu.pk/admission-quota/.

［3］真纳大学官方行政组织图. https：//qau.edu.pk/organization-chart/.

［4］拉合尔旁遮普大学官方网站. http：//pu.edu.pk/page.

［5］拉合尔旁遮普大学官方网站诺贝尔奖得主介绍. http：//pu.edu.pk/page/show/Nobel-Prize-Holders-of PU.html.

［6］CUI 官方网站. https：//www.comsats.edu.pk/AboutCIIT/history.aspx.

［7］国立科技大学官方网站. http：//www.nust.edu.pk/Pages/Default.aspx.

第四章　巴基斯坦高等教育宗教专题

1979年的两个事件使伊斯兰宗教教育成为近代历史上世界关注的焦点。第一次是1979年2月的伊朗革命，当时宗教领袖阿亚图拉·霍梅尼（Ayatullah Khomeini）发动了一场成功的人民革命，推翻了伊朗佩赫拉维皇帝（Pehlavi Emperor）的政权。第二个事件是1979年12月阿富汗抵抗苏联入侵，主要由宗教人士领导。虽然圣战者（Mujahideen）成功地迫使苏联撤出阿富汗（1989年），但他们不断的内斗导致了塔利班（1995年）的出现。尽管他们成功地在阿富汗建立了法律和秩序，但也引起了争议，并让世界注意到他们的一些激进的社会和教育政策，以及为奥萨马·本·拉登提供庇护。2001年9月美国发生"9·11"事件之后，随着全球恐怖袭击的频率日渐升高，越来越多的恐怖组织进入人们的视野，如基地组织、塔利班、IS。而这些恐怖组织几乎全是伊斯兰教瓦哈比派的忠实信徒，导致人们对伊斯兰宗教教育机构的关注进一步加深。

宗教教育机构是什么？它们的性质和在巴基斯坦社会中的作用是什么？它们的教育如何影响人的思想和行为以及价值观？随着全球和区域层面近年来的事态发展，这些问题具有非常重要的意义，大众希望了解这些机构及其性质和功能的相关信息。一般来说，宗教教育机构和相关人员都不接触媒体，他们对此也不感兴趣，因此很难获得真实的信息、真实的情况和对这一问题的正确描述。

国际和当地媒体在没有对这些机构的性质和作用进行任何科学调查或客观分析的情况下，基于一些离散和孤立的事件采取了草率的报道，由此呈现出一种包含了半真半假的事实、观点和偏见的混合体。此外，一些国外媒体肆无忌惮地妖魔化伊斯兰学校的制度，并将每一种真实的或想象的恐怖主义行为追溯至伊斯兰学校的教育，将其指责为恐怖主义组织或者恐怖主义分子、极端分子、激进分子的朋友，恐怖主义的推动者和出口者，试图诋毁这一机构并削减其财政资助来源。一些报道与分析甚至已经开始影响了国际社会的判断与国家政策的制定。由于相关可靠资料或真实数据的匮乏，情况只会恶化，对真相与谣言的辨别也变得困难。因此，形势要求公正客观地分析这个问题及其有关方面，以取得正确的结果。

第一节　巴基斯坦宗教教育起源与变革

教育、培训和学术追求是伊斯兰生活方式的标志。先知穆罕默德第一次读到的经文是：以你的主和Cherisher的名义阅读，主用一块凝结的血液制造了人类。阅读吧！你的主是大有恩赐的，他用笔教育人，教育其所不知道的。(Read in the name of your Lord and Cherisher, who created man out of a (mere) clot of congealed blood. Read! And your Lord is Most Bountiful-He Who taught with the Pen, taught man that which he knew not.)。这些经文强调了阅读、反思和推理。经文提出所有教育活动的中心都是安拉——所有知识的源泉，这揭示了真主对先知的启示（默示，Wahi）是所有知识的基础，也是伊斯兰思想体系发展的主要内容。

《古兰经》和《圣训》的这些教导一直激励着穆斯林去寻求知识，

并将他们的一生奉献给学习和训练。在这些经文中，人类在呼求安拉的美名之后，被邀请去反思物质世界（Khalq）、生物世界（Alaq）和技术世界（Qalam）。伊斯兰教对待知识和生活的独特之处在于这种综合、全面和协调的方法，其中物理、生物和技术与道德、观念和启示相结合。在伊斯兰教的历史上，伊斯兰学校从来没有仅仅局限于宗教教育，相反，伊斯兰学校是所有知识分支的学习场所。Jami'ah 是知识的最高机构，意思是聚集在一起，而 "University" 是 Jami'ah 的准确翻译，它代表着在思想和科学的各分支中传授知识，然而所有的一切都被真主启示的统一力量所融合。

大学制度是穆斯林对世界文明的独特贡献。伊斯兰教所传授的革命性的、包罗万象的知识概念，以伊斯兰学校和 Jami'ah 的形式制度化。这一传统在伊斯兰时代的前 12 个世纪里盛行，也造就了伊斯兰教这一时期的辉煌历史。11 世纪，在巴格达建立了第一所宗教学校 Nizamiyah Baghdadiyah，其提供住所、食物和免费教育。当时学校的教学是建立在死记硬背和记忆保持能力的基础上的，重视传统的阿拉伯语言学。宗教教育在整个伊斯兰世界迅速传播，出于对《古兰经》和《圣训》教义的不同解读，同时也考虑到教师们不同的背景和兴趣，宗教教育的模式随着时间的推移而逐渐丰富起来，客观上来说，这也是为了迎接不同时代和地区的挑战。尽管如此，宗教教育的基本结构和体系或多或少是相同的，其始终与同一条基本主线相连，即主要目标是为未来的伊斯兰宗教研究人员做准备。

在巴格达陷落后（13 世纪），这一制度开始出现了削弱和扭曲。自 16 世纪以来，伊斯兰世界一直面临着知识领域的危机，表现出明显的衰落迹象。虽然西方在这一时期经历了文艺复兴，但东方国家几乎没有受到这些发展的影响，并且逐渐沦为西方强国的殖民地。在这漫长的殖民时期，穆斯林对宗教教育的兴趣和献身精神是反对殖民主义运动的中心。清真寺和宗教学校是整个非洲、阿拉伯世界、远东、东欧、中亚和南亚以及高加索地区自由运动的主要来源和中心。这些机构在塑造穆斯林社会，特别是在基层一级也发挥着重要作用。

伊斯兰世界为使人民了解殖民主义所作的任何努力，在西方都受到怀疑。为了破坏这些努力，西方殖民大国要么将这些努力和运动称为"瓦哈比主义（Wahhabism）"，要么使用其他误导性和贬损性的陈词滥调来破坏它们的信誉。这种做法不仅在不同的伊斯兰思想流派之间造成了不信任，还扩大了东西方之间的鸿沟。伊斯兰教育制度真正的解体发生在18世纪后时期。正是在殖民统治时期，伊斯兰学校教育失去了许多特色，穆斯林无法关注对知识的创新追求，只能转变为有限的宗教学习，他们对能够保护和保存他们的知识来源《古兰经》《圣训》《伊斯兰法理学》感到满意，并将其传给子孙后代。教派取向的引入对这一制度造成了进一步的冲击，使穆斯林的注意力从伊斯兰教的普遍使命与传统转移到有限的教派竞争和优先事项之中。

在同一时期，受益于西方世界带来的在知识、学习和教育领域的最新成果，伊斯兰世界也建立起了新的现代教育机构。这两种教育，一种在伊斯兰世界流行了很长一段时间，但面对殖民主义的猛攻和另一种现代教育机构现在正在逐渐衰落，从而在这两种教育的受益者之间造成了意识形态上的裂痕。在19世纪和20世纪早期，世俗教育机构开始取代在整个伊斯兰世界具有重要意义的宗教学校，而穆斯林社会也开始不断尝试改革宗教学校。

脱离英国的统治获得独立后，与其他教育机构一样，1947年巴基斯坦建国时，只有少数几所宗教教育机构。然而，巴基斯坦国内对伊斯兰研究的兴趣日益浓厚，国内宗教学校的数量一直在增加。20世纪70年代，很多报告断言这是宗教教育机构的黄金时期，随着齐亚-乌尔-哈克（Zia-ul-Haq）的宗教需要，在政府的赞助和圣战（Jihad）的逻辑下，宗教教育机构得到了广泛的发展和壮大，从而使其数量大增。然而，事实上自20世纪80年代以来，巴基斯坦人民党后来的政府（贝娜齐尔·布托）和巴基斯坦穆斯林联盟（纳瓦兹·谢里夫）对宗教教育持负面态度，巴基斯坦政府的作用已经减少，私立部门的作用大大增加。非政府组织及其活动出现了惊人的增长，外国捐助机构，包括伊斯兰或非伊斯兰国家的捐助机构的活动也有所增加，致使宗教教育机构的数量仍然持续在增长。事实上，该系统的增长是分阶段的，这与巴基斯坦社会人口的增长、社会经济发展和公共教育的落后有关。

据称，在20世纪80年代，来自欧洲、沙特阿拉伯和美国政府的财政资源增加，帮助了巴基斯坦的宗教教育机构的扩张。20世纪90年代中期，宗教教育的特点是塔利班（Taliban）的发展。Talib在阿拉伯语中是学生的意思。塔利班主要由阿富汗伊斯兰牧师领导，并代表了伊斯兰学校的校友。更重要的是，这些学生代表了一个穆斯林群体，他们坚持非常严格保守的伊斯兰教义，即起源于沙特阿拉伯的瓦哈比派。

第二节 宗教教育机构基本概览

一、宗教教育机构及其作用

目前，巴基斯坦有两种宗教教育机构，理解它们之间的区别是很重要的。第一种是Maktab，它只专注于阅读、背诵和背诵《古兰经》，目的是使普通人能够履行日常或定期的宗教职责，而不是为了传授古兰经教育或其他伊斯兰教育。它们形成于清真寺、房屋庭院、开放空间和巴基斯坦村庄的树荫下，几乎在每条街道和每一个地方都有非正式的活动，只要有教师在，它们就可以开始教学。Maktab的大多数学生都是未成年人，尤其是在城市，他们同时接受主流学校的小学教育。这并非巴基斯坦独有，几乎所有伊斯兰国家都有类似的基本宗教教育安排。Maktab是在志愿者的基础上运行的，因此不能被视为正规的教育机构。

第二种是Madaris（或Seminaries），属于正规的教育机构。《1960年社团法》将Madaris界定为伊斯兰机构，在这里，符合伊斯兰教义的教育——《古兰经》《圣训》《伊斯兰法理学》、神学、阿拉伯语等——在不同的年级都得到传授。所有的Madaris都为较贫困的城市居住区和偏远地区的学生提供免费教育、免费食宿，以及课本和学习材料。Madaris 的体系和教学大纲围绕着《古兰经》和《圣训》而进行，这是穆斯林的两大主要指导来源。

巴基斯坦的宗教教育在该国的教育体系中占有重要地位。在传统宗教教育机构（如伊斯兰学校）以及包含宗教教育的高等教育机构中注册的学生人数远远高于任何其他地区的学生人数。97% 的巴基斯坦社会由穆斯林公民组成，伊斯兰教被认为是其文化和价值观的基石。从伊斯兰教的五大支柱（信仰的证词、礼拜、斋戒、施天课和麦加朝圣），到家庭事务（婚姻、离婚、继承等），再到社会规范、习俗和仪式，穆斯林在许多个人和集体事务上寻求指导，许多人质疑为什么这些方面在主流教育体系中要么被完全忽视，要么只得到表面的关注。因此，巴基斯坦社会迫切需要受过教育和训练的宗教人士在个人和集体生活领域提供指导，而宗教教育机构的存在满足了这方面的需求。

Madaris 的第一个重要作用是它保存了伊斯兰教研究的主要来源和文本资料，并且产生了大量伊斯兰宗教学科的教师和专家。Madaris 第二个重要作用是保护和促进了伊斯兰教育和研究的传统，这种传统造就了许多学者，他们在自然、物理和应用科学的各个领域的研究发现是当今科学和技术进步的基础。

此外，宗教教育机构在该国促进识字率和补充教育部门的不足等方面正在发挥有效和建设性的作用。建国以来，巴基斯坦国内的入学率很低，政府在公立学校方面的年度教育预算也相对较低，公共教育系统长期处于落后状态，无法提供良好的教育、适宜的环境和适当的激励，跟不上人口和经济的增长。而私立教育虽然改善了学生的学习状况，但相对高昂的费用是国内大多数学生都负担不起的。这促使许多学生参加宗教学校，因为这是继续接受教育的唯一现实的替代办法。这一情况使人们对于宗教教育的需要变得更加迫切，也是宗教教育机构数量持续增长的主要原因之一。并且大多数宗教学校提供的课程和学习方案都很全面，除了伊斯兰课程，一些学院还教授英语、综合科学和乌尔都语等正规教育课程。因此，很多宗教人士认为，政府和民众必须承认和认识到宗教学校在传授教育方面的作用，宗教学校应该与私立和公立教育机构一起被视为三级制度的一部分。

二、Madaris 的教学大纲与监管体系

Madaris 的教学大纲是以 Mulla Nizam-ud-Din 的名字命名的 Dars-e-Nizami，可以追溯到三百多年前莫卧儿王朝皇帝 Aurangzeb Alamgir（1707 年）的时代。当时，Alamgir 在勒克瑙（Lucknow）从一位荷兰商人手中买下了一所房子，并在那里建立了一所伊斯兰学校。然后他任命毛拉·尼扎姆-乌德丁（Mullah Nizam-ud-Din Sihalvi，1748 年）为教师，并指派他审查和更新教学大纲，这一教学大纲包括了满足当时需要的科目和技能方面的书籍。

这是一个相当古老的教学大纲，随着时间的推移，人们普遍认为它不符合现代的需要，忽视了科学、数学，甚至乌尔都语等重要学科。然而实际上，当代著名学者、法学家 Mufti Muhammad Taqi Usmani 提到，在 Maktab 级（即对《古兰经》的朗诵和记忆，以及学习如何阅读和写作）之后，所有公立学校教授的科目，如英语、数学、地理、历史、巴基斯坦研究和综合科学等，也都在 Madaris 的 Mutawassat（中等）水平上教授。Madaris 还教授伊斯兰教育所必需的宗教课程。在其他公立或私立学校，伊斯兰教研究只得到名义上的重视，而在 Madaris，宗教教育水平相当高。他们还注重波斯语，以便使学生能从用阿拉伯语和波斯语编写的学术资料中受益。许多 Madaris 甚至开始教授计算机技术。综上所述，在通过 Mutawassat 考试之后，学生不仅学习了那些在公立和私立学校教授给他们的同龄人直到 Matric 水平的课程，而且还获得了伊斯兰研究和波斯语方面的额外教育。

在此之后，Tbanawiya（高等中学）、Aaliya（毕业）和 Aalamiya（毕业后）这三个较高级别的学校的目标是传授伊斯兰科学教育，包括阿拉伯语的语法、文学、修辞学、《古兰经》的翻译和注释，《圣训》及其原则、《伊斯兰法理学》，以及研究神学和哲学的新老方法，逻辑和哲学因其知识能够帮助学生理解复杂的《伊斯兰法理学》和神学问题也得以教

授,此外,课程还包括天文学、经济学和商学以及宗教比较研究。

简而言之,这是一份在所有的阿拉伯语和伊斯兰教研究中,都被认为相当于硕士学位的大纲。为了进一步的高等学习,规模大的 Madaris 在不同的科目上都有专门的课程。在这个层次上,知名的 Madaris 还教授英语、法语、德语等外语,以使学生可以在国外工作。

Madaris 的课程为期 16 年,分为 6 个年级。其中,小学和中学的学制分别为 5 年和 3 年,其余 4 个年级各为 2 年。

表 4-1 反映了宗教教育体系及其与主流教育体系的等效性。

表 4-1 宗教教育体系及其与主流教育体系的等效性

级别	等级	年级	时长	与主流教育系统的等价评级
Ibtidai	Nazra	1~5	5 年	小学
Mutawassit	Hifz	6~8	3 年	初中
Sania Aama	Tajvidh Qirat	9~10	2 年	高中
Sania Khasa	Tehani	11~12	2 年	大学预科
Aalia	Moquf–Aiaih	13~14	2 年	大学
Alamia	Dora–e–Hadith	15~16	2 年	研究生

目前,伊斯兰国家的教育体系通常基于两种主流制度:第一种包括提供西方教育和宗教教育的公立和私立学校;第二种属于伊斯兰学校,由不同的学派建立,并设立了一类由宗教学者领导的非政府机构 Wifaq,专门处理相关事务。尽管存在着各种共同点,但在课程、基础设施设置、目标和彼此的成果方面,这两种教育形式都是不同的。因此,宗教教育制度的这种巨大不确定性,给政府和官方决策者在将 Madaris 纳入各学术团体和教育人士所强调的大政方针时,带来了障碍与困扰。这就解释了 Madaris 的独立性。

巴基斯坦有 5 个宗教教育委员会,现在这些委员会属于伊斯兰学校整体监管体系的一部分。它们都是公认的机构,为特定教派的机构举行考试。因此，除了在地区一级进行登记，伊斯兰学校还必须与其中一个委员会确定从属关系／注册，以获得学术项目。

以下简要介绍巴基斯坦宗教教育机构的主要委员会：

（1）Wifaq-ul-Madaris al-Arabiya：这个 Sunni, Hanafi, Deobandi 教派机构委员会成立于 1959 年，中心位于木尔坦，是规模最大的一个委员会。

（2）Tanzim-ul-Madaris：这个 Sunni, Hanafi, Barelvi 教派机构委员会成立于 1960 年，其中心位于拉合尔。

（3）Wifaq-ul-Madaris al-Salfia：这个 Sunni, Ahl-e-Hadith 教派机构委员会成立于 1955 年，其中心位于费萨拉巴德。

（4）Wifaq-ul-Madaris al-Shia'a：这个 Shia'a 派机构委员会成立于 1959 年，其中心位于拉合尔。

（5）Rabitah-ul-Madaris al-Islamia：这是一个非宗派委员会，它承认所有伊斯兰思想／法学流派。它成立于 1983 年，其中心位于拉合尔的曼苏尔。

以上 5 个委员会在旁遮普省都有自己的总部。

第三节 宗教教育问题的复杂性

一、矛盾根源

原则上，穆斯林不把生活划分为宗教和世俗，认为宗教影响着个人和集体生活的方方面面。然而，在西方和巴基斯坦的自由派统治者中，宗教被视为私事。两大阵营对生活及其目的的不同看法，造成了 Madaris 对外国势力和本国政府普遍持怀疑态度，是二者冲突的根源所在。Madaris 的管理人员反对并抵制政府的改革努力，认为他们与伊斯兰传统格格不入，与他们所认为的穆斯林存在的根本基础背道而驰。

在教育的作用和目的的概念上的差异是 Madaris 与世俗的另一个分歧。一般认为，教育既要满足个人的需要，又要满足社会的集体需要，它应该把个人带到发展和进步的道路上，但是教育的效用这一原则应该在特定的社会背景下加以理解。从伊斯兰教的观点来看，教育不仅仅是满足物质需求，还包括满足人的精神需求。换句话说，穆斯林希望教育能改善他们的个人和社会生活质量，而不仅仅是他们的生活物质水平。因此，Madaris 的管理者认为这种以物质进步为主要目标的教育与他们的观点和存在的理由相矛盾。然而，政府改革的努力通常没有考虑到宗教习俗和愿望。世俗主义对大多数穆斯林来说是陌生的，以世俗为导向的改革者很难理解穆斯林的社会需求，并将其与教育体系联系起来。在巴基斯坦或其他任何伊斯兰国家，改革努力也面临同样的困境。除了概念上的分歧，提出改革要求的紧张气氛也加剧了怀疑和不信任。

在巴基斯坦，Madaris 和政府之间产生距离的另一个重要原因是，没有一届政府认为 Madaris 是该国教育系统的一部分，Madaris 的学术作用从未得到承认。事实上，Madaris 从来没有像其他主流学校那样受教育部的管辖。Madaris 独立运行自己的系统、课程、书籍和考试，与该国的其他学术机构没有正式的联系。相反，它们被视为社会或宗教机构（作为 Auqaf 的一部分，Auqaf 部门是在阿尤布时期成立的，负责管理和监督清真寺、Madaris、神庙和其他圣地等机构的活动），以自治的方式满足社会的宗教需求。换句话说，它们被当作宗教组织而不是学术机构来处理，这一点从它们根据《1960 年社团法》登记也可以看出，根据该法案注册的机构属于工业部的管辖范围。要求 Madaris 根据《1960 年社团法》登记，等于否定它们作为任何一种学术机构的存在。

二、西方世界对 Madaris

西方世界对穆斯林宗教教育的关注并不新鲜。早在英属印度时期，出于同样的担忧，殖民政府就开始努力改革教育体系。当时，殖民政府开办的学校采取宗教中立的政策，将宗教教育从教学大纲中删除。英国统治者试图推行政教分离的理念，他们认为这对东印度公司的稳定及其持久性是必要的。1858 年 6 月，一位英国官员发布命令，要求关闭所有位于清真寺或其他宗教建筑内的学校，并禁止教授宗教书籍。从那时起，大部分改革努力都集中在宗教和非宗教的划分上，结果除了造成对抗和相互不信任的气氛，效果也很差。

在西方历史上，启蒙时代起就将宗教学派和世俗学派区分开，教育现代化被用作推翻强大的教皇统治的工具。随着教育的现代化，科学教育被强调到 20 世纪，培养出了具有自然科学和社会科学知识的学生，却很少强调宗教知识和精神发展。宗教与教育的这种持续背离在很大程度上造成了当今大多数人缺乏宗教背景知识。尽管过去的研究表明，激进的伊斯兰原教旨主义与该国某些宗教教育机构之间存在关联，但不可否认的是，媒体过分强调和歪曲了这种联系，试图将穆斯林视为野蛮宗教极端主义的发源地。因此，西方媒体经常将宗教教育项目的统计数字混淆在一起，而忽略了该项目的起源，并歪曲了指导宗教学校的政治内容。西方媒体所宣扬的这种悲观主义已经造成了巨大的危害，过分强调这种消极性导致少数群体边缘化，并引发极端主义观点，可能会在巴基斯坦全国传播反西方情绪，促使一些人在穆斯林那里寻求庇护，这些人更有理由抵制西方的干涉。

近年来，美国、欧洲和波斯湾的各国政府对通过 Madaris 和穆斯林开办的伊斯兰学校急剧扩张表示严重关切，这些伊斯兰学校接受了国际机构的捐赠和课程材料。这些国际捐助机构来自东南亚、中东、撒哈拉以南非洲、北非、美国和西欧等等。这些捐款与伊斯兰慈善机构的国际联系表明，资金来源很容易与影响这些慈善机构观念的政治暗流联系起来。此外，许多国家政府声称，在资助慈善项目、发展宗教学校基础设施和课程材料开发的基金之间，以及在为支持这些宗教机构中的恐怖主义教义而安全和毫无保留地提供的资金之间，应该有所区分。许多伊斯兰学院从世界各地的伊斯兰慈善组织获得援助和资金，然而，在教育控制和课程开发方面，受援者和捐助机构之间的问责制仍然不明确。

西方国家认为伊斯兰世界的 Madaris 和极端组织之间的联系令人深感忧虑，甚至那些认识到 Madaris 的社会作用的人也认为他们是极端主义和暴力浪潮的一部分。这导致了对巴基斯坦宗教教育制度的改革建议。在国际层面，他们被认为应对恐怖主义的蔓延负责，因此被要求进行重大改革和转变；在巴基斯坦国内，他们被认为应由政府直接控制或者至少监督和监测而对他们进行管制。

改革战略是在两个层次上进行的。首先，重视在世俗基础上建立巴基斯坦的教育制度，并帮助建立新的学校。其次，Madaris 改革的努力是由政府和非政府机构直接进行的，此外还要确保切断对穆斯林极端组织的所有财政、人力和意识形态支持。美国国务卿鲍威尔在外交关系委员会上说："我们已经与那些曾经是伊斯兰学校主要资金来源的国家进行了交谈，如沙特阿拉伯和其他国家，他们支持伊斯兰学校的这些项目，这些项目除了让年轻人成为原教旨主义者和恐怖分子没有任何作用。"

根据美国国际开发署的说法："国家教育体系的支持者认为，改善现有公立学校或建设新学校，可能会为以宗教为基础的伊斯兰学校提供一个可行的替代方案。"另一些人认为，改革应主要在伊斯兰学校内实现制度化，以确保这些受欢迎的机构有一个全面的课程。这两种观点在报告中都得到了提倡。

美国国际开发署于 2002 年 8 月签署并执行了一项为期 5 年、耗资 1 亿美元的双边协议，以增加巴基斯坦各地接受优质教育的机会。最引人注目的项目是教育部门改革援助（ESRA），占美国国际开发署预算的 3/4 以上。考虑到巴基斯坦民众对美国政府，特别是对其关于穆斯林政策的抵制，这些计划效果甚微也就可以理解了。

三、目前存在的主要问题

当前对 Madaris 的争论主要集中在四个方面：Madaris 的具体数量和力量；Madaris 在政府部门登记，从而在政府的监督下知道它们的数量，安排其财务状况和教学大纲；Madaris 的学位状况；在巴基斯坦的外国留学生学习的问题。

四、统计数据问题

国际各媒体的报道和分析对 Madaris 及其学生的数量提出了不同的估计。根据世界银行与哈佛大学联合发布的报告，获得 Madaris 录取的学生比例不到其他院校学生总数的 1%，且没有证据表明"9·11"事件之后有所增长。这份报告的作者说，现有的数据显示，Madaris 共有 20 万名学生。而总部设在布鲁塞尔的国际危机组织（International Crisis Group）在报告中认为，这一比例为 33%；《洛杉矶时报》的估计是 10%。通过分析在《纽约时报》《华盛顿邮报》《洛杉矶时报》《金融时报》《卫报》《时代》《独立报》等媒体上发表的报告和文章，世界银行报告说，这些媒体给出了从 500 000 到 1 500 000 不等的数据，而有些媒体甚至在不同的版本给予不同的数据。

巴基斯坦教育部的数据显示，2000 年有 6 761 所 Madaris，而其他主流教育机构中，公立学校这一数字为 199 676 所，私立学校有 36 096 所。根据贾马尔·马利克（Jamal Malik）对 Madaris 的研究，巴基斯坦建国时只有 137 所 Madaris，1956 年西巴基斯坦也只有 244 所。另一位作者说，1947 年，西巴基斯坦有 137 所 Madaris，到 1994 年，这个数字仅在人口最多的旁遮普省就达到了 2 500 所。Mumtaz Ahmad 则报道说，2001 年有 6 000 所 Madaris，604 421 名学生。

造成这种数据模棱两可的主要原因有两个：首先，政府从未试图认真地收集全面的、大规模的数据，在统计上是不完整和不足的；其次，各种类型的 Madaris 的存在提出了一个分类问题。由于《古兰经》教育和基本信仰在所有穆斯林社会都是强制性的，没有《古兰经》教育和基本信仰，穆斯林就无法在宗教和世俗事务中履行自己的责任，《古兰经》教育安排在房屋、清真寺和村镇层面，如果把这些传统的教育中心算作 Madaris，那么他们的人数就会猛增。正因如此，那些想要把 Madaris 描述成"威胁"的人给出了高度夸张的数字也就不足为奇了。这就是为什么定义"伊斯兰学校"很重要：向一定数量的学生提供一定程度的教育，拥有适当的教育和培训体系，并向考试中取得成功的考生颁发证书的机构才能被称为伊斯兰学校。

五、政府登记问题

登记问题是确定 Madaris 数量和规范的关键。从巴基斯坦成立到 1994 年，Madaris 一直是根据《1960 年社团法》登记的。1994 年，贝娜齐尔·布托政府颁布了一项禁止登记的法令，导致未经登记的 Madaris 迅速增长。Madaris 多次呼吁解除这一禁令，但政府仍然不情愿。在"9·11"事件之后，政府通过一项法令，宣布将对 Madaris 及其注册流程进行改革，这被认为是外国压力的结果。该法令试图说服 Madaris 自愿登记，但国际机构对此表示反对，认为登记应是强制性的，而不是自愿的。然而，Madaris 反对强制登记和政府对他们财政的审查和监督。Madaris 认为这是对他们自由的侵犯，并怀疑政府想要获得那些在经济上帮助他们的人的记录，以便向他们施加压力。

在 2005 年 7 月 7 日伦敦爆炸案之后，政府面临着越来越大的压力。英国首相对 Madaris 使用了严厉的语言，并要求巴基斯坦政府采取行动。因此，2005 年 8 月巴基斯坦政府颁布了一项法令，对《1960 年社团法》进行了修订，规定 Madaris 必须在 2005 年 12 月 31 日前注册，否则将面临关闭。

Ittehad-e-Tanzimat Madaris-e-Diniyah（宗教机构联合组织）是代表 5 个宗教教育委员会的一个论坛，它宣布这项法令具有歧视性。但是后来通过与政府的谈判达成了一项协议，即该法令将由议会作为一项法令通过，并将包含特定解释，以消除 Madaris 的忧虑，而且该法令在执行阶段不会遭到反对。拟议的法案将要求每一所伊斯兰学校向社会登记官提交其年度执行情况报告和年度审计报告。政府解释说，第 4 条款第 21 条反对宗派主义并不禁止对宗教的比较研究，分析不同学派的观点，或对《古兰经》《圣训》和《伊斯兰法理学》中提到的任何主题进行研究。委员会还决定，已登记的 Madaris 将不被要求重新登记，但是他们仍要提交年度业绩和审计报告。

六、学位承认问题

1982 年，大学资助委员会发出通知，承认 Madaris 的 Shahadah Aalamiyah 学位等同于阿拉伯语或伊斯兰研究的硕士学位，尽管其他（较低的）级别还没有被承认等同于 Matric，F.A 和 B.A.。然而由于这种模棱两可，拉合尔高等法院和巴基斯坦最高法院不承认宗教教育委员会的 Shahadah Thanawiyah 相当于 2005 年 9 月至 10 月地方机构选举的 Matric，因此取消了这些 Madaris 毕业生参加选举的资格。参加这些选举的候选人必须通过大学入学考试，最高法院认为，这些人没有通过巴基斯坦研究、英语和乌尔都语等科目的大学入学考试，因此他们的证书不能被接受为相当于大学入学考试。

政界人士表示，对 Madaris 学位地位保持模棱两可和矛盾心态，是政府深思熟虑的政策的一部分，它想要阻止宗教-政党联盟 Muttahida Majlis-e-Amal（MMA-United Action Front）成为任何反对政府运动的一部分。在 2001 年地方政府机构举行选举时，尽管拥有学士或等同学位的条件作为一个最低资格，Madaris 学位候选人仍被允许在 2002 年的大选中参加国家和省级议会选举。似乎只有在第 17 修正案通过之前，政府和 MMA 之间的紧张局势加剧时，这个问题才被提出，并向更高一级的法院提交了请愿书。如果 MMA 真的要发起一场反政府运动，它就要面对其近 200 名成员被取消议会资格。因此，Madaris 证书的颁发已成为一个政治问题，而不仅仅是一个学术问题，这进一步加剧了已经存在的怀疑和不信任的气氛。

七、驱逐外国留学生

从历史上看，那些想要学习宗教和伊斯兰法律的 Hanafi 学校的学生都把目光投向了巴基斯坦的 Madaris。然而根据 Ittehad-e-Tanzimat Madaris-e-Diniyah 和政府达成的协议，Madaris 停止接收外国来的留学生，因为一些友好国家政府投诉说，分裂主义运动由这些外国学生促使，并且利用他们达到目的。2005 年 9 月，在伦敦发生"7·7"爆炸事件后，巴基斯坦只有大约 1 400 名外国学生。穆沙拉夫总统命令这些学生，不管他们是否持有有效的学生签证，都必须在 2005 年 9 月 30 日前离开巴基斯坦。这一行为进一步加剧了关于 Madaris 的争论。穆夫提·塔奇·乌斯马尼称这一决定是不公平和严厉的，这些学生的存在实际上是一个国家的骄傲，因为他们回国后在自己国家的各种事务中给予巴基斯坦支持。如果巴基斯坦对他们关上大门，他们就会转去印度，这一决定不符合巴基斯坦的最大利益。如果有人对某些人提出指控，应该对他们采取法律行动，Madaris 也将在这方面与政府合作，但是一次性驱逐所有外国学生违反了公正和公平竞争的要求。

参考文献

[1] Pakistan Religious Education Institutions: An Overview, Institute of Policy Studies, Islamabad, 2002.

[2] MUSHTAQ A, SADIQ R, IJAZ F. Religious Education: Analysis Over the Years [J]. Journal of Islamic Thought and Civilization, 2014 (4).

[3] MUHAMMAD W S. Madrasas in Pakistan: Thinking Beyond Terrorism-based Reforms [J]. Strategic Studies, 2009, 29 (4).

[4] SYED R B. K. R. Pakistan: Religious Education and Institutions [J]. The Muslim World, 2006 (96): 323-339.

[5] ISHNU D, PRIYANKA P, TRISTAN Z. Learning Levels and Gaps in Pakistan [Z]. World Bank Policy Research Working, 2006.

[6] HEFNER, ROBERT W, MUHAMMAD Q Z. Schooling Islam: The Culture and Politics of Modern Muslim Education [M]. Princeton University Press, 2007.

[7] TAHIR A, JISHNU D, ASIM I K, TRISTAN Z. Religious School Enrollment in Pakistan: A Look at the Data [EB/OL] http://www.worldbank.org.pk.

[8] Pakistan: Madrasas, Extremism and the Military [Z]. ICG Asai Report No: 36, 2002.

[9] Strengthening Education in the Muslim World [Z]. USAID Issue Paper, 2003.

[10] RAHMAN K, BUKHARI S R. Pakistan: Religious Education and Institutions [J]. The Muslim World, 2006, 96 (2): 323.

第五章 巴基斯坦高等教育女性专题

第一节 阻碍女性高等教育的几大因素

当今时代全球化快速发展，各国经济在一定程度上相互依存，而高等教育可以看作是国家发展社会经济至关重要的资本投资。几个世纪以来，高等教育机构在培养科学家、政治领袖、经济学家、社会学者等专业人才方面发挥着不可小觑的作用。现今，拥有高等教育知识水平的青年男女在促进社会发展、服务社会等方面处于领先地位。世界银行在2000年的报道中指出，如果发展中国家不能合理重视高等教育，那么它们将很难在全球知识型经济迅猛发展的时代获益。而接受过高等教育的女性在人力资本建设以及一个国家整体社会文化和经济发展方面发挥着重要作用。世界发达国家一般同等重视男女高等教育，但相比之下，发展中国家的女性高等教育较受忽视。这一现象在高等教育总体水平不高的巴基斯坦尤为严重，与男性相比，巴基斯坦女性教育处于危机状态，其接受高等教育的机会极为有限，这又导致女性在工作等其他领域的权利受到侵害。

据统计，巴基斯坦2001年高等教育机构总入学人数为27.6万人，到 2014 年，该人数增长到 129.8 万人。但 2015 年巴基斯坦高等教育毛入学率仅为 10%，低于南亚许多其他发展中国家。例如，印度高等教育毛入学率为 24%，斯里兰卡为 21%，尼泊尔为 16%，孟加拉国为 13%，皆高于同期巴基斯坦高等教育毛入学率水平。其中女性高等入学率在 2001 年至 2014 年间从 36.8% 上升到 47.2%，但这尚未实现高等教育中性别平等的目标。在巴基斯坦女性教育问题长期以来被社会和政府忽略，成年女性识字率达到 29%，而男性识字率为 57%（Sen，2001）[①]，较低女性识字率暴露出对于人类发展的投资往往更倾向于男性。在劳动力方面，发展中国家平均女性劳动力的比例在 40%~50%，而巴基斯坦仅为 7%（Shahzad，Ali，Qadeer & Hukamdad，2011）[②]。由此可见，巴基斯坦女性获得高等教育、职业和技术学位的机会十分有限，而且随着时间的推移，性别偏见式的资源分配方式将严重限制女性获得高等教育的机会。

一、地区差异

相对于生活在城市中女性，农村等偏远地区的女性所处情况更为恶劣。除了偏远地区的文化极其保守，会对女性流动性进行限制，交通也成为阻碍女性接受高等教育的因素之一。由于交通系统不完善、出行费用高，住在距高等教育机构较远地区的女性通常会停止继续深造。尽管部分高等教育机构已经建立了自己的交通系统以解决学生交通问题，但是庞大的学生数量远远超过了其负荷能力；此外，高校的交通系统只在城市中心运行，来自偏远农村地区的女性只能选择公共交通，而这意味着，这些女性将面临更高的费用和危险，大部分女性表示曾在公共交通中受到性骚扰。

基于以上问题，巴基斯坦政府应明确女性在教育体系，特别是高等教育体系中所扮演的角色，积极解决女性歧视问题，为城市以

---

① 数据为二次引用，原出处其他具体信息不详。
② 数据为二次引用，原出处其他具体信息不详。

外的边远地区提供高等教育机会，阻止男女之间教育差距的继续增长。

二、校园性骚扰

与公共交通相比，女性在高等教育机构中是相对安全的，但是性骚扰问题并未完全得到解决。如今，教育机构不再是过去的象牙塔，而是变成了进行性侵害的竞技场。自从20世纪80年代初性骚扰在学校、学院及大学逐渐普遍，校园性骚扰的投诉频率逐年增加。近年来，无论是巴基斯坦的公立大学还是私立大学，都有性骚扰事件发生：白沙瓦大学高级教师和部门负责人被投诉骚扰女学生；伊斯兰堡国际伊斯兰大学报道教职员和行政部门骚扰女学生和女下属事件；而真纳大学的一名教授在办公室对来访的一名女学生进行了性骚扰。这些性骚扰行为对女学生的学业造成了严重的影响，同时也影响着受害者的心理健康。据巴基斯坦女学生称，性骚扰是巴基斯坦高等教育性别平等的主要障碍，她们在与男性同伴旅行、学习时，会感到人身不安全，校内男生对女学生的性骚扰也时有发生，部分女学生因此放弃接受高等教育。但是政策制定人员和执法人员并没有给予这些投诉重视，也未提出合理的解决方案，如果这一现象长期无法得到解决，将一直限制女性高校入学率的提高。

三、经济因素

巴基斯坦在17~24年龄组的公民中，只有不到3%进入大学，而发达国家则为50%~75%，更糟糕的是，99%的巴基斯坦青年无法接受国际标准的高等教育。

经济水平是影响教育水平的重要因素之一，无论是一个国家还是一个家庭，不乐观的经济状况将限制他们在教育上的投入，这是影响高等教育入学率的重要原因。据统计，2017年巴基斯坦用于教育的经费不足其GDP的3%，财政资源的稀缺对巴基斯坦的高等教育发展造成了严重的影响。巴基斯坦的经济类型属于农业型经济，大多数人口依靠农作谋生，但整个农业领域被少数资本家控制，这些人同时参与政治运作，掌握资本，他们只为工人支付低廉的薪水，大多数人每月平均收入为6600卢比（折合人民币397元），贫富差距大，收入不平等，如果没有政府提供的经济援助，他们甚至不能支付起公立大学/学院的学费，只有人数不到50万的社会上层的子女可以在大学阶段接受高质量的高等教育，而中下阶层的高等教育问题一再被忽视。据统计，巴基斯坦女性劳动力只为世界平均水平的1/3。虽然接受高等教育可能成为有酬就业的切入点，但由于女性工作机会稀缺，人们认为尽管接受过教育，女性也不太可能在巴基斯坦获得可敬的工作，可能还是在家里当家庭主妇，作为一个好妻子、好母亲履行家庭义务，因此，家长们还没有准备好承担女儿的教育费用。在这种高度父权社会中，女性接受高等教育的资格又进一步被剥夺，且这一问题未能得到政府和社会的同情及关注以便加以解决。

四、社会文化

在南亚地区，大部分国家都是父权社会制度的牺牲品。父权社会是一个由男性统治、以男性为中心的社会，其特点之一为压迫女性。男性在该社会制度下享有特权，其贬低女性地位，甚至认为女人是男人财产的一部分，不被允许享有基本的人权。

根据伊斯兰教教义，女性和男性地位平等，享有所有基本权利。但与伊斯兰教教义相反，在巴基斯坦社会，女性被认为是第二性征（Secondary Sex），地位低于男性，她们无权对自己的生活作出决定，几乎不享有任何权利。在巴基斯坦，对女性的威严和控制被认为是地位和荣誉的象征。女性的一生是一个屈从的故事，年轻的时候，父亲为她决定从教育到婚姻的所有事情；婚后，她由丈夫及其父母决定与她生活有关的所有事情，甚至包括"是否每年都要一个孩子"这样的问题，离婚被认为是十分可耻的，而不忠的女人则会被杀害；最后，在她年老的时候由她的儿子决定其晚年的命运。其生活的目标是生育和抚养子女，准备三餐，打扫卫生，不参加政治活动，也不被鼓励接受基础教育或就业。

五、家庭成员态度

另有研究表明,对于女性接受高等教育的支持和反对主要力量来自家庭,文化及政治因素只是次要因素。经过70年的独立国家之旅和与新兴全球化的融合,巴基斯坦逐渐从高度宗教化和保守的国家转变为对女性教育更开放、自由的国家,但保守的思想在巴基斯坦偏远地区仍普遍存在。

有研究表明,受过教育的父母更喜欢女儿接受高等教育、掌握高等教育知识技能,而文盲和受教育程度低的父母更容易对女儿的教育施加限制。而且相对于叔叔/阿姨、祖父母、丈夫等家庭成员,父母及哥哥姐姐更倡导女性接受高等教育。

第二节 为女性发声——诺奖得主马拉拉

"他们以为子弹将会让我们沉默,但他们失败了。那一沉默中响起了成千上万的声音。恐怖分子别以为自己能够改变我的目标,阻止我的理想。"这铿锵有力的话语出自年仅11岁的——一名巴基斯坦少女马拉拉·优素福·扎伊的著名演讲《塔利班为什么敢夺走我受教育的基本权利》。她以争取女童教育权闻名于世,年仅17岁,便成为年龄最小的诺贝尔和平奖候选人。

一、家庭教育:崇尚自由,杜绝男女不平等

马拉拉,出生于历来拥有重男轻女习俗的普什图穆斯林。马拉拉拥有两个弟弟,她为长女,其父亲从事教育行业,是一名校长。"迈旺得的马拉拉"是阿富汗一名自由豪迈的斗士,马拉拉由此得名。她的母亲与众多巴基斯坦女性一样,是一名家庭妇女,学识浅陋,见闻不广,更不用说认字与书写。即使普什图族具有性别歧视的基因,但由于马拉拉的父亲接受过系统的高等教育,再加之自身崇尚男女平等,所以对马拉

拉一直奉行有教无类的教育理念。马拉拉自 7 岁时入学以来，就树立了正确的价值观，在班级成绩排名第一并且拥有较强的演讲才能。与此同时，马拉拉常常帮助其他课业存在困难的学生。在父亲的教导与自由平等的教育环境下，教育权利平等的概念深入马拉拉的内心。

二、挺身而出：为权利大胆发声，拒绝被统治

塔利班组织诞生于伊斯兰派，属于阿富汗坎大哈地区，曾一度占领了阿富汗大部分地区。为巩固自身统治地位，塔利班将战火蓄意蔓延到了邻国巴基斯坦，试图使用极端的宗教统治，以此来销蚀巴基斯坦人民的反抗意识。2008 年至 2009 年，恐怖主义卷席了马拉拉所在的地区，塔利班武装分子在该地区推行极端统治，对女童开始了残忍的侵害，他们烧毁了上百座女子学校，使得女童上学受限；推行伊斯兰法，颁布条文限制电影电视发行，禁止一切娱乐活动；强制男子蓄须、女子蒙面；禁止女子接受教育或进行工作，否则会受到严厉处分。在此背景下，马拉拉在父亲的鼓舞下，勇敢为自己的教育权利进行了抗争。而在此节开头我们看到的句子，便来自马拉拉于白沙瓦市某记者俱乐部的首次登台演讲。有一个故事发生于"二战"时期，出生于德国的安妮·弗兰克在 15 岁时受到犹太人屠杀，而她的日记本上记录了 20 世纪初 40 年代间她的生活与情感，字字珠玑，成为"二战"期间犹太人与纳粹抗争的铁证。从小秉持公正、拥有超越世俗眼光的马拉拉在听完安妮的故事后，备受鼓舞，于是勇担重任，以日记记录塔利班组织恶行的全貌。

三、坚韧少女：铿锵的文字引起轩然大波

自马拉拉接受以日记发声之后，她发表的第一篇名为《我感到害怕》的博客日记被公开发布到网站上。第一篇日记记录了自塔利班入侵巴基斯坦后，马拉拉所遭遇的不公平对待以及自己内心的真情实感。日记里这样写道："塔利班组织颁布禁止女子接受教育的禁令后，我的内心非常恐惧上学这件事情，班级里的其他同学也一样，直至现在，27 名同学中只有 11 名同学仍在坚持上课。""有一次，在上学的路上，我听到后

面有一个男人说道'我要杀了你',尽管当时的我内心非常慌张,但仍要表现出一副淡定自若的样子。我加快了步伐,之后才发现原来男人是在打电话,那句话并非对我说的。见状,我心里的石头才稍稍落地,但仍惊魂未定。"马拉拉的日记中不仅记录了作为一名普通少女每日在惊恐度过的现状,还表达了自己对继续接受教育的渴望、对美好生活的向往。

马拉拉的日记被公之于众后,引发了全世界范围内的关注与反响。例如,有的人会在博客之下引发热议,有的人专门将博客内容打印出来供人传看,还有的人寻找另外一个女孩,将马拉拉博客内容以声音录制的形式传播出来。渐渐地,马拉拉意识到:原来文字的力量是无穷的。她的文字从最开始的稚嫩、羞涩到后来的慷慨激昂、引人共鸣。此后,不顾个人安危、坚定维护女性权利的马拉拉被世人皆知。然而,马拉拉曝光率增高的同时,危险也悄然临近。塔利班武装组织试图阻止马拉拉写作,他们采取了极端措施来制止马拉拉的行为:在报纸上公然刊登报道,威胁马拉拉的生命;传送警告纸条让马拉拉停止发声,甚至塔利班派遣狙击手埋伏在马拉拉的上学路上。2012年10月,塔利班组织成员向马拉拉乘坐的校车射击,对其进行侵害,子弹穿过了马拉拉的左眼、头部等,其生命危在旦夕。随后,马拉拉被送往英国进行救治。然而马拉拉遭受枪击事件迅速被世人知晓,各大知名媒体争相报道此事,多数正义者开始声讨狙击手,甚至有人悬赏10多万美元来找此枪手。除此之外,国际社会对马拉拉也进行了声援。马拉拉受到枪击事件后,联合国做出了系列行动:聘任马拉拉的父亲为联合国教育顾问;身为全球教育特使的戈登·布朗撰写请愿书,为每个孩子能够接受平等教育进行请愿,请愿书以"我是马拉拉"为口号;邀请马拉拉做公开演讲。

大难不死,必有后福,马拉拉在绝处逢生后出版了个人回忆录《我是马拉拉》,并获得诸多奖项。马拉拉于2011年10月获得了"国际儿童和平奖";2011年年末,巴基斯坦总理吉拉尼授予马拉拉"国家青年和平奖";2013年10月,欧洲议会为其颁发"萨哈罗夫奖";2014年年初,马拉拉被提名为"世界儿童奖"。2013年,马拉拉被提名为诺贝尔和平奖候选人，虽当年未获奖，但第二年，马拉拉仍然获此殊荣，刷新了诺贝尔奖历史，成为此奖项最年轻的获得者。

第三节 女性教育的发展道路

就巴基斯坦高等教育现有状况而言，其女性受教育情况仍旧处于不公状态，尽管相关政府部门对其加强调整和重视，但受巴基斯坦传统观念影响严重，女性受教育程度普遍偏低，甚至绝大部分女性未受过基础教育，这在一定意义上限制了巴基斯坦高等教育发展水平的提升。除此之外，绝大多数的巴基斯坦地区经济落后，教育观念较差，并且社会现状动荡不安，极其不利于教育事业的发展，女性地位远低于男性，男女不平等意识根深蒂固，因此无法彻底使巴基斯坦高等教育现状有本质转变。针对此种情况，相关政府部门应进一步提高重视，根据其中具体原因作出政策调整改变，加大对女性受教育权利的保护，积极主动宣传女性独立自主意识，帮助女性革新传统思想，提高社会地位，从而高效促进巴基斯坦高等教育上升式发展。本小节将结合巴基斯坦女性高等教育现状，针对当前教育事业中存在的性别不公平现象进行分析，总结其中影响因素，进而提出发展方向。

一、教育公允缺失：巴基斯坦女性教育现状

如前文所述，巴基斯坦人思想中带有的重男轻女观念早已根深蒂固，当前大部分地区受这一思想影响严重，不利于女性的思想独立与自主，使得女性教育陷入被轻视的怪圈。尤其是在巴基斯坦的农村地区，由于经济较为落后，家庭生活压力较大，从而使得受教育对象更倾向于男性。由于继承了传统保守老旧的思想，巴基斯坦农村父母不赞同异性混合学习，当地缺少女子学校，进一步导致女性无法接触到教育，思想发展大大受限。除此之外，在巴基斯坦中大部分家庭拒绝女孩上学的

原因仅仅是因为学校没有女性教师任职,由此更能体现出女性教师在该国教育事业推进中所发挥的作用。然而巴基斯坦受严重的传统思想影响,呈现出重男轻女的现象,从而使得女性教师数量极少,再加之巴基斯坦地区局势不稳定、交通条件不便利等因素影响,使女性教育陷入恶性循环。

巴基斯坦发展较为落后,贫困地区占大多数,教育经费不足的问题日益严重,该问题从始至终影响着巴基斯坦高等教育事业的进一步发展。政府教育资金投入较低,远低于计划投入成本,同时也体现出了政府对教育的不重视。因为教育经费的欠缺,所以学校扩建受限,校内基础教育设施不完善,无法聘请以及培养优质教师团队,教学观念以及教学资料都十分落后,严重制约着女性入学率。由于教育部门缺乏资金,因此无法就近修建更多女子学校,又受到巴基斯坦当地安全问题的影响,上学距离远给女性学生带来了较大的安全隐患,大部分家长不愿意把自家女儿送至偏远学校。而且,经费不足导致资金进行分配不合理,致使巴基斯坦教师的职业发展受限,师资队伍素质不高,教师的知识水平"原地踏步",教学及工作技能无法进一步提升,这严重影响了巴基斯坦女性教育水平的提升。除此之外,针对巴基斯坦的女性受教育群体而言,由于其接受教育程度较弱且人数较少,导致女性教师数量极少,并且边远区域存在较大的安全因素,较大程度上威胁着女性教师的人身安全,从根本上制约了女性留在边远地区任职的想法。尤其是农村地区,经济发展水滞后,教育基础设施不完善,当地缺乏对女性教师的政策保护,使得女性教师不愿意到农村地区任职,更加加剧了农村等偏远地区的教育性别不平等。

巴基斯坦女性接受教育的权利也受到了家庭传统观念的制约。在其传统观念中普遍认为:女性做家务,男性工作。因此巴基斯坦普遍认为女性在做家务中同样能够学会上学所教的部分知识,并且此种想法受地方差异影响变得越发恶劣,甚至存在部分地区认为女性受到教育后变得失去"控制",远离家庭责任。该类腐朽的教育观念不仅迫害了女性的受教育权利,同样制约了一些地区的政治思想、经济发展,使其变得故步自封。在此背景下，尽管巴基斯坦部分地区对高等教育越发重视，对其中女性接受教育的情况也作出了改变，希望能够与传统老旧思想抗衡，为女性教育平等打下基础，但仍然无法改变现状。

暴力冲突威胁成为巴基斯坦女性受教育不公平的重要影响因素。巴基斯坦地区武力冲突和种族之间的争斗，使人们缺乏安全感，尤其是女性出行等方面受限，许多女性被剥夺了最基本的教育权利，从而严重影响了女性接受教育。除此之外，由于经济落后，女性学校极少，外加上暴力冲突的存在，使得部分女性学校被人为肆意破坏，大大降低了女性入学率，在巴基斯坦政局不稳定的当前社会，这对本就脆弱的女性教育予以更沉重的打击。

二、宗教与社会：女性高等教育发展影响因素

巴基斯坦女性教育受当地宗教因素影响越来越小。资料表明，在巴基斯坦的教育课程中设有宗教课，而该类课程的开设依照学生信仰具有差异性，学生将在巴基斯坦接受不同教育，并被灌输本国国家意识。为不同宗教信仰的学生开设不同的宗教课程，这一举措也表明巴基斯坦的宗教问题并不如以往那么严重。在高校所设立的宗教课程当中，其中已经有了很大的改善，目前虽然会对课程内容进行区分，但不会划分男女课堂，由此可知巴基斯坦地区传统的宗教思想逐渐走向与现代思潮融合的趋势。

根据当前巴基斯坦的教育现状可知，巴基斯坦越发重视女性教育，同时政府制定相关的政策支持，使越来越多的女性能够享有接受教育的权利。伴随着时代的发展和进步，教育成了世界各地所重视的一项内容，巴基斯坦政府颁布相关政策，进一步提高了对女性教育的重视程度，也使本国人民对女性教育有了正确的认识，不再只拘泥于传统的重男轻女观点，女性也可以参与工作，为了家庭生活而努力。在信息化时代下思想革新速度加快，越来越多的人对女性教育更加重视，也存在不少知名人士、媒体为女性教育发声，进一步推动了女性教育事业的发展。

三、独立与自主：女性高等教育的发展方向

首先，努力实现守成型到创新型的转变。对于巴基斯坦的教育现状而言，现实社会中的女性属于弱势群体，与男性相比较，女性自主判断的能力和自信相对不够，更容易过度相信书本、教师和权威。因而，女性高等教育过程中应更注重让女性形成怀疑和批判的思维品格，拥有独立和自主的思维立场，养成开放和多向的思维形态，具备敏感的问题意识和对定论质疑的勇气及解构之后重新建构的能力。鼓励支持女性标新立异，独立创新，放弃模仿和盲从的习惯，打破思维定式的魔咒，为这个社会的多元化发展贡献另外一种可能。

其次，努力实现情智商的分离到情智商的融合。女性与男性不存在智力高下的区别，只是在智力优势上有所差别。然而，相较之下女性智力"产出"却较少，这也许和女性缺少高远的人生目标、坚定的信念和献身事业的执着有关。所以，女性高等教育的可持续发展需要实现从情智商分离到情智商融合的转变，将下列精神渗透于教育活动之中：一是理想目标；二是对职业的热爱与投入；三是责任感；四是协调合作能力。

最后，努力实现职前教育到终身教育的转变。女性要掌握有效的学习方法，尤其是有广泛迁移性价值的学习方法，以便在高等教育结束后依然具备学习和探索知识的能力。根据女性的能力和需要提供不限年龄的开放的多样化的女性高等教育，实现女性的持续教育，与此相匹配的是要创建对持续教育成果的考评和认定机制。对个体持续学习的评价体系可以激励女性不断地进行知识更新，一方面有助于改变那种有了文凭就高枕无忧的唯学历主义的价值观，另一方面，也是对女性成为科研人员、高校教育工作者的一种鼓励和支持，有利于促进巴基斯坦整体社会价值观的改变与发展。

综上所述，巴基斯坦政府对高等教育中存在的性别不公问题提高了重视，但女性教育水平仍然薄弱。其主要原因是受到当地传统观念的影响，大部分地域重男轻女思想严重，对女性接受教育一事并不认可。并且巴基斯坦教育经费投入较低，社会因素影响复杂，受政局动荡不安影

响,部分地方仍然存在暴动行为,大大加剧了教育经费的投入风险。除此之外,女性地位相较于男性低下,在传统家庭中处于处理家务的角色,受教育意识淡薄,当前巴基斯坦所设立的独立女性学校较少,外加安全性差的因素,更加制约了女性接受教育。对此,巴基斯坦政府部门可以考虑加大教育经费投入力度,结合社会现状颁布保障女性受教育权利的相关政策,从而为女性教育发展打基础。

参考文献

[1] MEHMOOD S, CHONG L, HUSSAIN M. Females Higher Education in Pakistan: An Analysis of Socio-Economic and Cultural Challenges [J]. Advances in Social Sciences Research Journal, 2018, 5 (6): 379-397.

[2] SADIA S, ANTHONY W P. The Impact of Socio-Cultural Factors on Females Passing through Higher Education in Pakistan [J]. Eurasian Journal of Educational Research, 2017, (71): 193-214.

[3] MUNAZZA. A. Female Participation in Higher Education Management in Pakistan: An Analytical Study of Possible Barriers [J]. Gender Studies in Developing Societies, 2015, 1 (2): 119-134.

[4] 陈建水. 马拉拉:欲用毕生精力争得儿童受教育的权利 [J]. 世界文化, 2014 (12): 11-14.

[5] SOPHIA B. Growing Up Malala: Is Today's Educated Girl Tomorrow's Neoliberal Woman? [J]. Journal of International Development, 2020, 32 (2).

[6] Statement by the President on Malala Yousafzai and Kailash Satyarthi Winning the 2014 Nobel Peace Prize [J]. White House Press Releases Fact Sheets and Briefings / FIND, 2014.

[7] AYESHA K, BRITTANY P. Malala: The Story of a Muslim Girl and a Muslim Nation [J]. Discourse: Studies in the Cultural Politics of

Education，2019，40（3）.

［8］KATE Q G. Malala：My Story of Standing Up for Girls' Rights by Malala Yousafzai（review）［J］. Bulletin of the Center for Children's Books，2019，72（5）.

［9］田雪枫.巴基斯坦学校教育系统的概况、现状及特点研究［J］.世界教育信息，2021，34（5）：38-46.

［10］ASHRAF M A，杨美佳，张玉凤.巴基斯坦高等教育治理改革的现状与展望［J］.大学教育科学，2020（6）：72-78.

［11］AMNA M，任定成，曹志红.巴基斯坦高等科学技术教育现状简析［J］.全球科技经济瞭望，2019，34（6）：53-62.

［12］朱炎逢，付文焕，吴钢，刘华晔.巴基斯坦瓜达尔地区护理体系现状分析［J］.上海医药，2018，39（19）：63-66.

［13］刘进，徐丽."一带一路"沿线国家的高等教育现状与发展趋势研究（八）——以巴基斯坦为例［J］.世界教育信息，2018，31（13）：24-27+45.

［14］乔海英.新世纪巴基斯坦初等教育改革研究［D］.喀什：喀什大学，2018.

［15］中国高等教育学会代表团，王小梅，范笑仙，丁晓昌，周光礼，韩梦洁.巴基斯坦高等教育发展现状与前景——访问巴基斯坦的调查报告［J］.中国高教研究，2017（9）：74-79.

第六章 巴基斯坦高等教育的全球比较

第一节 与中国的比较

从巴基斯坦的高等教育发展情况和中国高等教育发展情况来看,中国高等教育的发展远远超过了巴基斯坦的发展,同时正在引领巴基斯坦不断加入国际教育的行列当中来,以下将从教育观念、区域发展以及教育投入资金三个方面进行比较。

一、教育观念不同

中国开展的素质教育,是站在学生的视角,做到换位思考,以学生思考问题的方式去考虑如何进行教育,而不是填鸭式的教育;加强与学生的交流沟通,是高等教育中一项非常重要的工作。从学习视角来看,教师更应该在教学的过程中,将课堂的主体交还给学生,让学生可以真正开发自己的兴趣和潜力,也能够帮助学生更好地用创造力去认识知识。要在增强综合素质上下功夫,要引导学生培养综合能力,加强创新思维,教师要进行教学设计和学科设计,这样才能为学生提供一个全面科学完善的教育体系,促进学生的全面发展。还应让学生尊重劳动精神,在实践活动中充分发挥崇尚劳动、热爱劳动的良好品质,成为将来改变整个社会的高素质人才。思想是行动的先导,教育观念的转变能够真正将学生放在教育的主体地位上,也能够不断改变过去那种以成绩来判断学生的教育观念,因为传统的教育观念以成绩和名次来论高低限制了学生在其他方面潜力的发挥,而转变教育观念在一定程度上能够从思想上解放学生,让教师真正对学生产生不以成绩来分好坏学生的观念。

如前文所述,巴基斯坦的高等教育由于受到经济、社会文化、政局等影响,在教育方面依然存在着一定的问题,这些都限制了传统观念的进步与革新,例如教育观念的性别差异较大、入学的性别比例不均等、区域发展不均衡等。

二、区域发展不同

随着中国义务教育的诞生,越来越多的中国人能够在日常的学习和生活当中去更好地进步,这是因为有经济发展作强大的后盾,区域发展较为均衡,许多贫困地区的人们也能够实现义务教育。

为了进一步深化高等教育发展,巴基斯坦成立了高等教育委员会,受巴基斯坦总统直接领导。该机构不仅仅是一个学术性的机构,更是管理全国高等教育的权力机构,为高等教育发展、布局、调整及改革出谋划策。在高等教育委员会的引领下,巴基斯坦高等教育呈现"由低向高"的走向,但是巴基斯坦的区域发展有很大的不均衡,富裕地区能够进行教育,但是贫困地区教育方式和教育方法还存在一定的不足之处,大多数人为了糊口,没有精力学习。

三、高等教育投入不同

中国对于高等教育的投入较多,尤其是学科方面高等学科方面都在均衡发展当中。

但在巴基斯坦的教育当中,高等教育发展只重视于一个专门的行业,这对于整个的发展来说有着一定的弊端。从教育资金投入来看,根据资料显示,2001 年教育在巴基斯坦国家的支出仅占比 1.5%,到了

2013年也仅仅增加了0.6%，而高等教育在所有类型教育占比中最低，仅有17%。此外，由于巴基斯坦不同区域的大学发展的非协调性，也导致资源分配不均，不同地区高等教育投入呈现差异化的特点。

第二节 与其他"一带一路"沿线部分亚洲国家的比较

巴基斯坦高等学校系统虽然规模较小，但各个高校师资规模、隶属部门、经费来源、内部组织结构等方面各不相同，形成了十分复杂的结构体系。下面将从高等教育体系、高等教育毛入学率、高等教育经费三个方面与其他"一带一路"沿线部分亚洲国家进行比较。

一、高等教育体系

从经费来源上看，公立高校与私立高校构成巴基斯坦高校的两种形式，从隶属部门上看可分为联邦高校和省属高校两大类，按照办学规模可以分为大学和学位授予学院。印度尼西亚的高等教育体系包含两种类型的大学——公立大学和私立大学，印度尼西亚主要有大学、研究院、学院、专科院校等6种不同类型的高等教育机构。孟加拉国教育体系的特点是公立学校与私立学校相结合，同时融入东西方教育特色，由教育部和大学资助委员会管理孟加拉国的高等教育；联邦政府大学、酋长国政府大学和私立大学共三类高等教育机构组成阿联酋的高等教育体系，其中联邦政府大学属于公立性质，提供免费教育。新加坡提倡精英教育，其高等教育体系属于英联邦教育体系，旨在使精英学生享受优质教育资源，公立大学和私立大学构成新加坡的高等教育体系。马来西亚的高等教育体系分为公立教育、私立教育。截至2016年，阿富汗私立高等教育的发展快于公立高等教育的发展，私立高校的数量约为公立高校的4倍。由此可见，"一带一路"沿线亚洲国家的高等教育体系大都相似，一般分为公立高校与私立高校两类,并且私立高等教育在政府的引导与支持下正呈现出蓬勃发展之势。

二、高等教育毛入学率

2007—2016年巴基斯坦高等教育毛入学率低于15%,处于高等教育精英化阶段,虽然其高等教育毛入学率总体呈增长趋势,但女性的毛入学率整体上仍低于男性。印度尼西亚的高等教育毛入学率相较他国增长速度较快,2017年高等教育毛入学率达到36.28%,距离高等教育普及化阶段仍有很长的距离,但其女性高等教育毛入学率在2012年高于男性。孟加拉国高等教育于2016年进入高等教育大众化阶段,与巴基斯坦国家类似,男性高等教育毛入学率普遍高于女性。与以上国家表现出显著差异的为新加坡,新加坡于2007年较早进入高等教育普及化阶段,并且,该国在高等教育领域男女受教育的机会均等,相差不大。由此可见,巴基斯坦的高等教育精英化阶段亟待转变,政府需要给予相应的政策以及经费支持,推动高等教育向大众化转变;并且,制定相应法律法规以保证男女接受高等教育的公平性,进而促进社会健康良性发展。

三、高等教育经费

2011—2019年巴基斯坦中央政府公共教育经费开支在GDP中所占的比重从2.2%以波动的走势上升至2.5%。印度尼西亚2007—2015年公共财政教育经费支出在GDP中的比重从3.04%稳步上升至3.58%。新加坡教育发展性支出从2007年的742 043新元上涨至2016年的660 000新元,新加坡政府的教育总支出从2007年的7 527 668新元上升至2016年的12 660 000新元,呈现出逐年稳步递增的趋势,并且,在2008年发生金融危机的紧要关头,新加坡也没有在高等教育领域大幅缩减相应的财政支出。由此可见,巴基斯坦政府应加大在高等教育领域的财政投入力度,实现高等教育从精英化向大众化转变。

参考文献

［1］中国高等教育学会代表团，王小梅，范笑仙，丁晓昌，周光礼，韩梦洁.巴基斯坦高等教育发展现状与前景——访问巴基斯坦的调查报告［J］.中国高教研究，2017（9）：74-79.

［2］Ashraf Muhammad Azeem，杨美佳，张玉凤.巴基斯坦高等教育治理改革的现状与展望［J］.大学教育科学，2020（06）：72-78.

［3］Ministry of Education.Education for All 2015 National Review［EB/OL］.［2017-7-28］.http：//unesdoc.unesco.org/images/0022/002297/229718E.pdf.

［4］刘进，林松月."一带一路"沿线国家的高等教育现状与发展趋势研究（二十）——以印度尼西亚为例［J］.世界教育信息，2019，32（2）：53-56+62.

［5］刘进，王艺蒙."一带一路"沿线国家的高等教育现状与发展趋势研究（十三）——以孟加拉国为例［J］.世界教育信息，2018，31（18）：34-37+55.

［6］刘进，张露瑶."一带一路"沿线国家的高等教育现状与发展趋势研究（九）——以阿联酋为例［J］.世界教育信息,2018,31（14）：38-41.

［7］刘进，张露瑶."一带一路"沿线国家的高等教育现状与发展趋势研究（六）——以新加坡为例［J］.世界教育信息,2018,31（11）：60-65.

［8］刘进，闫晓敏，李兰香，费查仓·加尼·穆罕默德，哈梦颖."一带一路"沿线国家的高等教育现状与发展趋势研究（三）——基于对马来西亚教育工作者的访谈［J］.世界教育信息，2018，31（7）：42-44+54.

［9］刘进，闫晓敏，李兰香，艾莉丝·本戴维-哈德，班伯瑞·穆罕默德·奥斯曼，哈梦颖."一带一路"沿线国家的高等教育现状与发展趋势研究（一）——基于以色列与阿富汗教育工作者的访谈［J］.

世界教育信息，2018，31（5）：24-29.

［10］刘进，徐丽."一带一路"沿线国家的高等教育现状与发展趋势研究（八）——以巴基斯坦为例［J］.世界教育信息，2018,31（13）：24-27+45.

［11］UNESCO Institute for Statistics.UIS Statistics.Education［EB/OL］.http：//data.uis.unesco.org/，2022.

第七章　中巴高等教育的交流与合作

第一节　留学教育热潮的兴起

一、留学热潮

2004年是中国来华留学的宣传年,在扩大来华留学生规模以及规范教育管理工作的基础上,中国以其富有魅力和极具吸引力的优秀传统文化,吸引着外国留学生来华,并逐渐成为国际上最受留学生欢迎的留学国家之一。

据中华人民共和国外交部官网统计(如表7-1所示),2003年在中国留学的外国学生总数为77 715人,其中,巴基斯坦来华留学生人数仅为598人。经过2004年对外来华留学教育的宣传,2005年巴基斯坦来华留学人数达到1 900人次。巴基斯坦来华留学人数于2009年达到5 738人次,首次位列来华留学生源国前10。除2010年巴基斯坦来华留学人数出现短暂下滑外,巴基斯坦来华留学人数整体呈现出显著增长态势,2012年巴基斯坦来华留学人数超越哈萨克斯坦位列生源国第9。"一带一路"沿线国家正成为来华留学主要的"供给方",作为我国兄弟国的

表 7-1 来华留学生总数与巴基斯坦来华留学生人数

年份	2003	2004	2005	2006	2007	2008	2009	2010	2011	2012	2013	2014	2015	2016	2017	2018
总人数	77 715	110 844	141 087	162 695	195 503	—	238 184	265 090	292 611	328 330	—	377 054	397 635	—	489 200	492 185
巴来华人数	598	894	1 900	3 308	—	—	5 738	2 837	8 516	9 630	—	13 360	15 654	—	—	28 023
生源国个数	175	178	179	184	188	—	190	194	194	200	—	203	202	—	—	196

巴基斯坦来华留学生人数也逐年增多，并于 2014 年首次突破万人，达到 13 360 人，位列来华留学生源国第 8。到 2015 年，巴基斯坦来华留学人数为 15 654 人，同比增长 17.2%，位列生源国第 6。2018 年巴基斯坦来华留学人数已经达到 28 023 人，超越美国和印度位居第 3。而且，在巴基斯坦来华留学人数逐年增多的情形下，巴基斯坦来华留学的生源结构也日益优化。

二、留学热潮成因

1. 奖助学金支持

中国对来华留学工作给予高度重视，持续不断地进行政策鼓励和专项资金支持，并不断根据实际情况给予适当调整。教育部为使来华留学生学习环境日益优化，培养了一批专业留学教育工作者，并建立了一套系统完备的管理体制。中国每年都会向巴基斯坦来华留学生提供奖助学金支持，其中包括政府奖学金、地方奖学金以及大学奖学金，来华留学的热潮与中国政府提供的奖学金支持密不可分。享受中国政府奖学金在华学习的外国留学生人数从 2004 年的 6 715 名上涨至 2017 年的 58 600 名，占全年来华留学生总数的百分比从 6.1% 上涨至 11.97%。中华人民共和国教育部历年来华留学生数据统计年鉴显示，在 2017 年获得中国政府奖学金的外国留学生人数中，硕博研究生达到 40 800 人，由此看出，中国奖学金政策在来华留学向着高质量、高层次方向发展的道路上贡献力量，来华留学事业态势良好。

2. "一带一路"倡议

中国国家主席习近平于 2013 年 9 月和 10 月提出"一带一路"倡议，自此，巴基斯坦越来越多的学生奔赴中国进行留学深造，形成了"学在中国"的"留学中国热"。中巴经济走廊启动于 2015 年 4 月，两国在能源、经济、交通等各领域合作加强，中国传统文化的魅力进一步推动了巴基斯坦学生来华留学。与此同时，随着中国经济的不断发展，中国的国际影响力也正不断扩大，巴基斯坦学生对中国高等教育的认识也更系统全面，这奠定了来华留学热潮的坚实基础。

三、留学热潮改进机制

中国在保证质量、注重规范管理的基础上，重点资助发展中国家留学生，加大中国政府奖助学金力度，致力于使中国成为最受欢迎的留学目的国。

1.加大来华留学宣传工作，开拓来华留学生生源

巴基斯坦"学在中国"的浪潮正不断涌动，中国逐渐成为巴基斯坦学生出国留学的首选国。一方面，教育部留学服务中心应在巴基斯坦组织中国教育展览，深入介绍中国教育；另一方面，中国应积极支持高校教师奔赴巴基斯坦，宣传中国高等教育发展现状以及国外来华留学工作实效，拓宽来华留学生来源渠道，提高来华留学生质量。

2.完善来华留学奖学金资助机制

为扩大来华留学生规模、提高来华留学生教育层次，巴基斯坦政府继续派遣本、硕、博学生来华留学，费用由巴基斯坦政府全额资助。同时，中国在巴基斯坦来华留学人数增多的基础上，适时调整奖助学金名额，为巴基斯坦来华留学生提供良好的经费支持。

3.进一步优化来华留学环境

在巴基斯坦来华留学生入学方面，取消来华留学生以汉语完成学业的入学成绩要求，这也适应了驻外使领馆与有关机构的相应诉求；在来华留学生毕业方面，加快启动来华留学生毕业管理工作，如升学、就业等；在来华留学生身体健康方面，完善巴基斯坦来华留学生医疗保险制度，中国在为巴基斯坦留学生提供健康保障方面，可以与中国平安保险股份有限公司合作，以减缓管理压力。

4.来华留学生教育教师队伍建设

为保证来华留学生的培养质量，在做好相关体制机制的基础上，师资队伍建设也至关重要。巴基斯坦来华留学生课程开设主要以英文授课为主，这对教师队伍提出相应要求。为提高专业课教师的授课质量，应以职业化队伍建设为目标，开展专业课教师出国培训英语项目，培训形式不拘泥于境外培训，也可开展相应综合业务培训、专项业务培训等，

以全面提高全国高等学校留学生教育质量。

第二节 中巴高等教育机构的合作

一、孔子学院的设立

中巴教育领域合作的显著表现是孔子学院的设立。自2005年4月起，巴基斯坦相继在伊斯兰堡、卡拉奇大学、费萨拉巴德农业大学和旁遮普大学建立4所孔子学院。孔子学院主要围绕汉语、武术、绘画、书法等开设课程，进一步增强了中国文化的吸引力。同时，孔子学院为了更好地弘扬中国文化，让巴基斯坦学生融入中国文化氛围，还举办了中国语言交流日等各种独具特色的文化活动，让巴基斯坦学生亲身体验中国文化的魅力；并根据当地情况和需要设立中国文化展示和体验区，丰富了巴基斯坦学生对中国的立体认识，进一步推动了中巴在"一带一路"倡议下的全方位合作。

二、共建大学

"巴基斯坦—中国工程技术大学"是中巴已有的共建大学。该大学位于巴基斯坦首都伊斯兰堡，由清华大学、北京邮电大学等7所高校组成的中国大学联合体共同进行该项目建设。这7所大学分别承担不同的建设任务，如清华大学主要负责培训巴基斯坦的教师，北京邮电大学负责信息与通信技术系，中国致力于将巴基斯坦—中国工程技术大学办成符合巴基斯坦国情的开放式国际化大学。

三、语言文化互通

近年来，巴基斯坦学生逐渐将中国作为留学的主要国家之一，截至2018年共有28 023名学生在华学习。巴基斯坦的国语为乌尔都语，随着"一带一路"倡议的不断推进，双方对彼此语言、文化人才的需求不断加大。在中国，北京外国语大学、西安外国语大学、天津外国语大学、北京大学等高校相继开展乌尔都语课程，并对巴基斯坦文化进行深入研究；在巴基斯坦，卡拉奇大学、费萨拉巴德农业大学、旁遮普大学等高校也开设汉语和汉学课程。中巴双方于2021年1月5日一致同意要发挥专家的作用，共同翻译出版两国的经典作品，数量多达50种，这为中巴命运共同体的建设夯实了人文基础。

四、鲁班工坊

鲁班工坊是中巴高校在技术能力方面的合作模式。为了培养海外中国企业和本土企业的专业技术人才，天津现代职业技术学院2018年与巴基斯坦在拉合尔市联合成立了中国第五家海外鲁班工坊。鲁班工坊借鉴"因材施教"的教学方法，"因地制宜"地进行职业教育技能培训。作为中巴经济走廊的交汇点，旁遮普省汇聚了中国在巴基斯坦70%的IT项目、水电项目、援助项目和基础设施。为了弥补巴基斯坦电力方面的缺口，巴基斯坦鲁班工作坊将电力技术为重点的职业教育作为培训的主要内容。巴基斯坦的5名教师于2018年4月在天津如期完成了5周的培训任务，培训归国后，他们参与了巴基斯坦鲁班工坊设备的安装、调试以及日常运营。鲁班工坊服务于"一带一路"建设，并逐渐成为中巴在经济、文化、科技等领域合作与交流的新纽带。

第三节 职业技术教育合作

一、巴基斯坦职业教育现状

巴基斯坦对于职业技术教育的发展一直视为国家发展的重中之重。为了提高并适应经济社会发展的需要，巴基斯坦决定将发展职业教育作为工作重心，并为此重新制定了教育法，出台一些关于促进职业院校蓬勃发展的政府文件，至此巴基斯坦不发达地区每年参与职业教育与技术培训的青年人数量大幅度上升。2015年3月，巴基斯坦又出台了《国家职业技术教育与培训政策》的文件，在政策发布会上，高等教育和职业培训委员会认为，巴基斯坦不仅仅有着大量且丰富的自然资源，还拥有着相当多的青年，一旦青年人全面发展，巴基斯坦经济将获得相当大的增长。巴基斯坦政府也明确表态，要让更多的青年有更多更好的经济机遇。这也是巴基斯坦政府正在面对的重要挑战。

在那之后，巴基斯坦政府把职业教育领域的发展提上了议事日程，并开始进行联合职业培训以及与企业和院校等方面的合作，将院校的职业教学和企业的工作训练有机融合，以确保学员们能够得到企业执行岗位责任所需要的相应专业技能。同时巴基斯坦也积极开展国际合作，并参考海外校企合作经验来进一步丰富自己的校企合作内容。

截至2018年年底，巴基斯坦共有3798所职业院校，其中1275所为公立院校，2523所为私立院校，在校人数为43.3万人，男生和女生占比分别为65.9%和34.1%。巴基斯坦职业教育与培训的5大工作重点领域为服务业、酒店业、建筑业、农业和畜牧业、制造业。目前，巴基斯坦正在进行的重点项目是对未就业的青年人的培训，截至2018年，已完成10万人的培训，尚有10万人还在培训中。

二、中巴职业教育合作

在2013年"一带一路"建设浪潮的推动下，中国职业教育的对外合作一直加速前进。职业教育方面，中国在纺织、高速铁路、幼儿教育、机械制造等领域与东盟国家的合作正在全面展开，双方还成立了中国—东盟职业教育合作联盟。资料显示，巴基斯坦约有2.1亿人，其中60%以上是35岁以下的青年，而大多数青年不仅文化水平较低，职业技能也十分缺乏。因此，作为中国全天候、全方位战略合作伙伴的巴基斯坦迫切需要职业技能培训，以培养出有技能的劳动力，但巴基斯坦的专业院校大多不具备培训资质，这为中国开展国际化提供机会的同时也为中国职业院校"走出去"开辟了道路。

中巴职业教育领域的合作也取得了很大进步。2017年11月，天津市职业技术师范大学等三所院校与巴基斯坦签订了共建协议书，共建旁遮普天津技术大学，培育本科阶段的技术技能型人才，项目首期设有电气工程、机械工程、高级汉语等8个学科并于2018年首次录取了400余名在校生，之后在校学生规模逐步扩大，达到近2 200人。旁遮普天津技术大学的建立将为中巴经济走廊建设提供更多的人才支持，为中巴经济走廊的建设贡献一部分力量。

巴基斯坦鲁班工坊是由天津现代职业技术学院和巴基斯坦旁遮普省技术教育和职业培训管理局联合共建的，是中国职业教育领域积极响应国家"一带一路"倡议下的重要产物。该工坊坐落于旁遮普省技术教育和职业教育培训管理局的总部院内，建立了两个相互独立亦相互联系的国际专业课程实训区和专业汉语课程培训区，着重建设了电气智能化技术和机电一体化技术两门具有国际教学水准的专业。专业课程实训区按照不同课程功能进行了设计。专业汉语课程培训区主要采用教师现场授课与网络课程教学相结合的方法，以满足巴基斯坦学生即时学习需求。课程重点为结合专业课教材进行基本的专业汉语和职业素养的课程训练，使学习者能熟练掌握基本专业汉语词汇，并熟悉我国职业教育文化，为在中国内留学或继续深造打下良好基础。

作为具有最完备的职业教育专业体系的深圳大学为了深入推动"一带一路"教育行动计划以及职业教育，带领中国4所学校与巴基斯坦的高校建立紧密的合作关系，建立了以CCTE（汉语＋商务文化＋技能＋就业）开展中巴双学历职业技术技能人才联合培养模式，这无疑将中巴职业教育的合作向更深层次、更宽领域及更高水平的方向推进，对中国及巴基斯坦的高等教育发展产生了重大意义。

参考文献

[1]中华人民共和国教育部.全国来华留学生数据统计［EB/OL］.2018

[2022]. http：//so.moe.gov.cn/s?siteCode=bm05000001&tab=all&qt=%E5%85%A8%E5%9B%BD%E6%9D%A5%E5%8D%8E%E7%95%99%E5%AD%A6%E7%94%9F%E6%95%B0%E6%8D%AE%E7%BB%9F%E8%AE%A1.

［2］中华人民共和国教育部．孔子学院发展规划［EB/OL］．［2022-01-03］．http：//www.moe.gov.cn/jyb_xwfb/gzdt_gzdt/s5987/201302/t20130228_148061.html.

［3］彭鲁迁，张素敏．中巴教育交流的现实意义与战略意义［J］．石家庄学院学报，2021，23（4）：153-157+160.DOI：10.13573/j.cnki.sjzxyxb.2021.04.027.

［4］安立魁，白玲．智慧教育：全球疫情下中巴高校合作的现实选择与路径探寻［J］．煤炭高等教育，2020，38（6）：1-9.DOI：10.16126/j.cnki.32-1365/g4.2020.06.001.

［5］北京邮电大学．巴基斯坦—中国工程技术大学［EB/OL］．［2022-01-03］．https：//www.cncoolm.com/youxiuzuowen/2019/0502/346159.html.

［6］中华人民共和国驻巴基斯坦共和国大使馆．中国巴基斯坦签署关于经典著作互译出版的备忘录，为共建中巴命运共同体注入新的人文动力［EB/OL］．［2022-01-03］．http：//pk.chineseembassy.org/chn/zbgx/wenhuafuwu/202101/t20210105_1269984.htm.

［7］李蕾，戚席佳．鲁班工坊，从这里走向世界［EB/OL］．［2022-01-03］．https：//m.huanqiu.com/article/9CaKrnKdvNB.

［8］光明网．校企合作 培育技能人才——"一带一路"沿线国家的职业教育实践［EB/OL］．（2017-12-27）［2022-01-05］．https：//epaper.gmw.cn/gmrb/html/2017-12/27/nw.D110000gmrb_20171227_1-14.htm.

［9］张琼．中巴经济走廊促技术人才走俏 中国职业教育"走出去"正当时［J］．中国外资，2017（17）：40.

［10］张颖，王翀．嵌入巴基斯坦教育体系的鲁班工坊建设的模式和启

示［J］.天津市教科院学报,2020（3）:39-44.DOI:10.16137/j.cnki.cn12-1303/g4.2020.03.007.

［11］张颖,周明星.鲁班工坊的国际化达成路径——以巴基斯坦鲁班工坊为例［J］.当代职业教育,2018（6）:83-87.DOI:10.16851/j.cnki.51-1728/g4.20181128.014.

［12］深圳大学.深圳大学—巴基斯坦工程委员会"一带一路"智能物联网联合研究中心揭牌 双方线上签约开启合作［EB/OL］.（2021-10-18）［2022-01-05］.https://www.szu.edu.cn/info/1161/16419.htm.

第八章 巴基斯坦高等教育对中国的启示与省思

第一节 殖民与自主

一、高等教育体系的对抗与冲突

众所周知,巴基斯坦历史悠久,孕育着灿烂的印度河文明。事实上,巴基斯坦是在印度被英国殖民近百年后才独立出来的一个国家。因此,巴基斯坦的高等教育体系受英国的影响颇深,现有的高等教育体系也是依据英国的高等教育体系并在英国遗留下来的体系基础上建立的。由于官僚体系以及行政架构都是按照统治者的想法以及思维模式建构的,无疑导致了体系的局限性,且在短期内甚至很难改变,这严重阻碍了巴基斯坦高等教育的改革和整治。随后,巴基斯坦由于深受殖民地的影响,其高等教育体系在殖民时期和自主时期产生了强烈的对抗与冲突。

首先,巴基斯坦高等教育体系内部传承了英国的教育制度,一直广泛采用英语进行教学,英语也是巴基斯坦学生主要的学习语言,虽然英语的学习可以提高巴基斯坦的国际化,提升学生的语言学习以及与外界沟通交流能力，但是这严重削弱了巴基斯坦本国语言乌尔都语的地位。即便从20世纪80年代齐亚哈克统治时期开始，巴基斯坦就明确指出要大力使用本国语言，推行本国语言的使用，也无法抵抗英语在巴基斯坦教育体系内部频繁使用的力量。事实上，巴基斯坦对本国语言的重视旨在凝聚向心力，提高众多年轻人对国家的信仰以及爱国主义精神并将民族文化传承下去，但事与愿违，英语植根于巴基斯坦最重要的教育体系内部，使巴基斯坦政府的这种愿望始终无法落到实处，甚至在2015年9月，巴基斯坦的最高法院再次发布将乌尔都语作为官方语言的决策，取代英语的地位。虽然本国语言一直在与传统的英语进行对抗，但是效果依然不尽人意。由此看来要想削减英语的地位，还需要漫长的过程。假使巴基斯坦的高等教育机构不能使用本国语言教学，那么国家最高法院的规定只能成为一纸空文，这又极大地削弱了国家的权威。

其次，巴基斯坦一直信奉伊斯兰教，这与英国所信奉的基督教也是存在冲突的，所以，如何将巴基斯坦的伊斯兰教育与现代的高等教育体系紧密联系，并且不会随着高等教育的强大而被削弱也是巴基斯坦所面临的问题。传统的伊斯兰教在现代的教育体系中传承且发扬是许多有识之士所关注的问题，同时，许多学者也一直致力于研究如何将伊斯兰教较好地融合在现代的高等教育体系中。

由于巴基斯坦是前殖民地，其改革所面临的对抗及冲突会更多，过程也会更加艰难。要想找到适合巴基斯坦本国自身的教育体系，需要国家、各省以及各个高等教育机构的共同努力，才能将冲突与对抗最小化，走出适合本国的高等教育体系特色道路。

二、高等教育体系的兼容与改变

巴基斯坦虽然和英国的教育体系存在着一些对抗和冲突，但总体而言，巴基斯坦和英国两国之间的教育体系还是兼容且根据本国情况有所改变的。例如，巴基斯坦一直使用英国原本的高等院校附属学院制度，但是经过多年的发展变革，以及教育的不断现代化，该制度的弊端不断显露出来，并且该制度不再适用于当前的教育体系，甚至英国本土现已废除该制度，采取了新的体系和新的模式，但是巴基斯坦却一直故步自封，没有找到适合自身的高等教育体系，这也是巴基斯坦所面临的又一大难题。但是，巴基斯坦并不是一直沿用英国的教育体系，经过时间以及发展的沉淀，巴基斯坦在英国的教育体系基础上逐渐内化，也形成了自身独特的高等教育特色。例如，巴基斯坦建立了高等教育委员会，对巴基斯坦的高等教育进行监管、治理，拥有管理权，同时其地位也是相对独立的。在巴基斯坦的高等教育中，教学授课和学位证书发放是相互独立的，这是巴基斯坦高等教育的一大特色，也是其根据英国教育体系针对本国国情所作出的改变。

巴基斯坦独立后，一直在不断进行改革，旨在找到适合本国发展并具有巴基斯坦特色的教育体系。但不可否认的是，英国所遗留下来的不都是问题，也有巴基斯坦需要借鉴学习的东西。巴基斯坦应当在英国遗留体系的基础上不断革新，不断进步，寻找到与前教育体系兼容的部分，取其精华，去其糟粕，建立独特的巴基斯坦教育体系。

三、面向未来发展的经验与总结

教育是面向未来的事业，但是巴基斯坦在面对教育现代化时，却产生了极大的不确定性，并且严重地被殖民时期的历史所羁绊。近年来，巴基斯坦虽然改革的声音连绵不绝，但是行动上迟缓，即便出台了很多政策文件，但总体而言效果并不显著。巴基斯坦国父真纳曾提出："要建立一个能反映自身历史和民族思想，符合国情并富有成效的教育体系。"事实上，根据巴基斯坦现有制度，要做到这一点并不容易。作为前殖民地的巴基斯坦，在教育现代化的过程中，应当总结固有的经验，吸取之前的教训，提出全新的政策体系，才能在殖民时期与自主发展时期二者之间找到平衡点，当然，摒弃原有的老旧的教育体系，提出新的适合巴基斯坦的教育体系是必然的政策抉择。

第二节　集权与分权的结合

一、高等教育委员会的成立

自印度和巴基斯坦分开治理以来,巴基斯坦就推出了多项宪法修正案,对国家的政治体制采取改革措施,最后确定了议会共和制以及联邦制的国家结构。联邦制结构是沿用殖民时期英国的传统。由于巴基斯坦的资源以及气候条件均不佳,其经济发展一直处于落后状态。即便在国家政治局面不稳定、经济发展较落后的状况下,巴基斯坦也在积极推行高等教育改革,改革最显著的成效是实现了高等教育机构数量的迅速增长,最终处于稳定状态。但是巴基斯坦历史遗留问题过于严重,内部也有很复杂的矛盾,这使得巴基斯坦整体的高等教育质量较低,高等教育地区发展极度不平衡。回看巴基斯坦高等教育改革的全过程,主要是政府与高校二者之间的博弈,其中最重要的举措就是在2002年成立高等教育委员会。由于高等教育委员会的成立把政府与高校两大主体的利益减弱,将集权与分权进行巧妙地结合与平衡,从而在某种程度上保证了权力结构的完整,这也是高等教育委员会得以沿用至今的重要原因。

二、改革后的治理体系

巴基斯坦政府一直在不断地大力推进对高等教育的改革,首先在联邦直辖设立全国统一的高等教育组织和法律,接着又在全国四个省份内设立了各省的高等学校自治组织和法律,旨在通过采用政治与法制的手段形成由联邦监管、各省独立管理和全国高等教育自理的高等教育体制,不过,实际效果却并非如此理想。由于不同省份对联邦的认同度不尽相同,所以各个省份对高等教育机构的治理进程也并不统一,这导致了巴基斯坦的教育管理体制更加复杂化。因为巴基斯坦的所有高等教育采用属地管理原则,这导致高校的权力更大,实际影响也更大。高等教育委员会也因为在高度集权的过程中所掌控的高教资源比较贫瘠,导致在联邦、省和高等教育委员会三者的政治权力博弈中，掌握着更多实权的省通常也会拥有更多的话语权。再加上由于高等教育管理委员会也是巴基斯坦高等教育和职业培训部下属单位，因此高校的办学自主性也就更加得到了限制。

值得一提的是，在1989年，英国就已经废除了大学经费拨款委员会，并将其改为大学基金委员会。英国第一次以明确法令的形式确保国家对于大学建设的绝大部分话语权，这也是英国政府对于高等教育集权的一种措施。但是高等教育发展落后的巴基斯坦，在高等教育方面一直处于权力、责任划分不清的状态，这也是巴基斯坦亟待解决的问题；否则，巴基斯坦的高等教育将无法取得更大、更快速的进步。

因此，在保证高等教育机构办学自主权的同时，如何将政府、各省、高校三者之间的关系理顺，还需要长期实践的探索和积累，以此来保证集权与分权的有机结合。

第三节　教学与科研的统筹

协调好教学与科研的关系至关重要，二者不可偏废其一；但是，在教育实践中，或"重教学轻科研"或"忽视教学价值只看科研产出"，将教学与科研放到对立面的情况并不少见。自1947年印巴分治以来，巴基斯坦多次推出高等教育改革方案，尤其是在2000年真正走上教育改革之路以后，高等教育治理改革成效显著。这其中，关于教学与科研的关系统筹工作既有启示，也有省思。

一、因地制宜：要走本国特色道路

保持独立自主性是本国协调好教学与科研关系的前提条件。巴基斯坦曾是英属印度的一部分，即使是印巴分治以后也仍延续着英国殖民时期的统治体系，这套体系本质上服务于殖民国利益而不是从被殖民国角度出发，想用"老办法"解决"新问题"，无异于缘木求鱼。从1947—2000年的53年教育改革中可以窥见，受限于别国所谓的成功经验与既成范式，教学与科研统筹方面事倍功半；2001年成立"高等教育改进行动组"，结合国际形势、本国高等教育实际发展情况，制定出提升教学质量与科研水平的系列改革目标，推动了"教"与"研"同步发展。若要走出符合本国国情的特色化教学科研协调发展道路，一方面要正确认识国外先进经验与模式从而去伪存真、去粗取精，既不能完全照搬照抄、妄自菲薄，也不能故步自封、妄自尊大，只有积极借鉴与教育实际结合才能切实推动教学价值与科研质量的双引擎运转；另一方面要客观分析教育需求，以发展的眼光看待不同阶段的教育目标，循序渐进推动教育治理体系中的教学与科研改革，如巴基斯坦高等教育"中期发展框架"三步走计划，将总目标分解成为不同的阶段目标。

二、因时制宜：要统筹分工与协作

明确教学与科研的内涵与主体、构建教学与科研的有机结合是平衡二者关系的必要基础。巴基斯坦在高校内部管理结构上沿袭了英国伦敦大学的附属制体制，附属制大学类似于国内的"独立学院"，学院附属于大学而不是大学下设的二级机构，由学院组织教学、大学授予学位。在巴基斯坦占据重要地位的附属制大学实质将教学与科研进行了剥离，科研工作主要由大学本部承担，教学工作主要由独立学院承担。从责任主体视角看，科研任务主体与教学任务主体分离能够明确主体责任界限与范畴，切实保证"专事专人来干"，也在一定程度上保障了两类任务的落实，提高了组织机构的办事效率，同时也提升了各自领域的精细化程度；但是，教学与科研分离的弊端也很明显，如果只关注"教学"的发展或只注重"科研"的进步，而忽视二者的结合，势必会不利于科研事业梯队建设，加速潜在科研人员流失，进而影响大学自身的适应性发展，最终拖慢高等教育质量变革进度。这给我国在处理教学与科研关系的启示有两个：一方面要明确责任主体，如有失职将被问责，承担相应责任，不能以与自身利益无涉则敷衍、推诿，无论是高校还是科研院所都担负着"科研"与"教学"统筹发展的使命；另一方面，要做好相关教学与科研统筹的引导工作，通过政策层面、高校层面、教师层面，层层推进教研综合的引导性工作，教学与科研本质上都是学术，搞科研是学术，教学同样是"教学的学术"。

三、量体裁衣：要优化评价考核体系

以外部评价倒逼教学与科研的平衡发展是二者良性互动的重要推动力。与巴基斯坦教学与科研二元制相适应的考核体系使大学本部侧重科研指标、附属学院重教学指标，在一定程度上保证了教学质量，尤其是在高等教育大众化方面取得了较快进展。但是，也应看到这种评价机制带来的资源与人才双重浪费，附属学校师资没能发挥其对科研工作的热量，大学本部也不能真正做到教学相长。因此，以教师评价考核改革推动教学与科研均衡发展是重中之重。这给我国在高校考核体系方面的启示有三个：第一，院校间要差异化评价，不能将研究型大学、应用型大学、高职高专院校一刀切，不同大学类型应有各有侧重，教师评价指标应围绕着院校类型制定；第二，岗位间要差异化评价，破除评价一元性，可在教师岗基础上分流出科研岗，两类岗位工作内容各有侧重，与之对应的评价框架保障教师岗专心教学、科研岗专注科研；第三，评价指标要兼顾教学性与科研性。现阶段我国教师评职称更侧重于科研成果，如论文产出、项目数量，教学评价与之相比较则显得无足轻重；考核制度关于教学与科研平衡性导向，有利于调动教师的教学热情与科研热情，推动我国教学与科研统筹发展。

综上，巴基斯坦对高等教育教学与科研的统筹有成功经验的启示，也有失败经验的省思，这对促进我国教学科研均衡发展有着积极意义：首先，坚持符合本国国情、本国实际的统筹思路能最大限度促进教育科研水平提升，最终服务于国家现代化建设；其次，教学与科研是相辅相成、相得益彰的关系，既要明确责任主体，也要以教带研、以研推教，以二者的协调发展、良性互动大力提高劳动者质量与国家软实力；最后，要注重评价制度的导向作用，优化外部考核指标，引导高校、教师向着

教研均衡发展之路进击。

第四节 组织变革与高等教育发展模式的反思

受经济基础薄弱、国内政局不稳等因素影响，巴基斯坦经济发展仍较为落后，在此基础上巴基斯坦高等教育起步较晚、发展较慢，但是伴随着近年来的经济发展、教育改革、政策支撑，高等教育发展势头良好。巴基斯坦独立后每阶段的组织改革与发展模式分析，对我国的高等教育改革也有不少启示。

一、以组织优化为导向，不懈推动教育变革

高等教育模式不是一成不变的，而是应随着时代的前进而变革与优化，不断适应新变化、新挑战，要有不断拥抱变化的理念。巴基斯坦自1947年独立就一直在寻求高等教育体系的彻底变革，摆脱殖民地管理制度的桎梏，推动本国高等教育健康有序发展。1947年至2000年巴基斯坦主要通过机构治理改革进行高校治理改革，期间成立大学资助委员会，大学资助委员会主要负责认证、监督及制定政策等，虽然这一阶段的改革因为内外部阻碍并未有明显成效，但是为下一阶段改革奠定了基础。2001年至今巴基斯坦高等教育治理改革侧重于制度化建设，制定改革方案进行高校管理框架构建，通过立法扩大高校自治权，完善高等教育体系规范性、法制化建设。巴基斯坦75年的组织变革与教学模式探索在曲折中前进，倘若中途放弃势必会拉长，其高等教育成长周期，倘若不是在尝试与试错中不断总结经验教训，其教育改革进展也势必更慢。有鉴于此，教育改革是一项动态的任务，应与时俱进。从认知角度来看，变革其实才是最大的不变，要正确认识教育组织改革、教育模式优化的重要性。当前我国从国家层面到院校层面都在进行教育改革与优化，但仍有"一劳永逸"的懒政怠政倾向，亟须从认知方面进行革新。

从行动角度来看，一方面不能空有变革口号，不能为了变革而变革，要结合当时当地的具体情况、结合前期经验进行组织变革的落实以适应环境变化；另一方面，改革中的问题是难以避免的，遇到问题应该积极思考与解决问题，而不是改革中遇到阻力就逃避或者放弃。

二、以中央调控为核心，有力推动教育均衡发展

巴基斯坦高等教育资源分配不均、发展水平参差不齐，高等教育这一环的薄弱为巴基斯坦发展埋下了隐患。巴基斯坦高等教育发展不均衡的主要表现如下：首先，巴基斯坦是松散的联邦制国家，中央与地方分权而治，大学主要采取"属地管理"原则，即以大学属地为联邦直辖区或省份来确定管理主体，大学教育水准直接受所属地影响，因此由于缺乏统一的调配与协调使得本就不均衡的地区发展差异愈发显现。其次，巴基斯坦既有公立大学也有私立大学，截至2016年巴基斯坦私立大学数量为75所，约占大学总数的一半，公立大学经费来源主要是政府，私立大学经费来源则比较多元，相对来说保障性不足，公立属性与私立属性加剧了院校间办学质量差异，且私立属性大学间差异也较大。再次，附属学院制既限制了附属学院的自主性与创新性，又加大了大学本部的管理难度，双方办学水准与教学质量均受消极影响。由上述分析可知，教育必须要上升到国家层面，经由整体性调控调配方能符合教育本身应有之义。这就要求中央层面做好统筹、规划、引导，促进地区间、城乡间、学校间教学资源的有效流动，达到教育公平的目的，实现共享教育成果；地方层面既要落实好中央一级的调控政策，制定可行性方案促使政策落地，也要从中观角度出发，制定本地区内部的教育资源流动策略，完成协调发展目标；院校层面也要发挥能动性，推动校内全方位发育，多角度发展，同时执行好上一级管理部分总体规划，从微观层面为中央、地方总布局保驾护航。

三、以增强大学自治权为重点，深化"放管服"改革

大学自治权意味着大学独立办学不受其他势力的干扰，可以说大学

自治是破除大学诸多弊病的重要举措。巴基斯坦大学自治度不尽如人意，究其原因：一是外部治理体系与内部治理结构未能充分互动，内部核心治理机构受外部政治、法律、经济监管掣肘严重，如科研政策、人员编制、经费使用等全部由外部规定，大学为迎合外部管理机制而调整内部自身规划强行迁就，大学难以独立自治；二是联邦、省区、大学在大学治理方面思路不一，大学本身处于联邦与省区管辖下的被动地位，受权力控制范畴广、力量大，可以说处于劣势地位，这无疑加大了实现大学自治权的难度。巴基斯坦大学的低程度自治降低了高等教育组织机构的效率，影响了学术自由与专业发展，从侧面也反映出其社会改革总趋势不够明朗。可见，大学自治不仅仅是谁来治理、谁来改革的问题。

当前我国也处于大学自治改革阶段，由巴基斯坦经验可知，推动我国大学高度自治需要深化"放管服"改革："放"是中心，下放行政权，减少没有法律依据和法律授权的行政权，给予大学更多选择空间、治理空间，而不是政府大包大揽、一管到底；"管"是前提，要做到放管结合，高度自治并不意味着完全自治，大学自理并不意味着政府完全不理，政府要创新监督管理方式，做好分内之事、管好应管之事而不是越俎代庖；"服"是关键，做好政府职能转变、优化政府服务，减少"有形的手"的干预，减少过多的行政审批行为，最大限度地保障大学自治权的实现。

四、以改革落实为目标，增加方案可行性

纵观巴基斯坦75年的高等教育改革主导机构发展史，从大学资助委员会到高等教育指导委员会，再到省级高等教育委员会，每一次教育改革的顶层设计必不可少，试图通过自上而下推动改革进展，但是受责任主体不明、法制建设滞后、配套设施不足等制约，改革成效大打折扣。然而，从微观角度看，巴基斯坦以量化指标进行办学规模分类，从办学面积、办学经费、专业数量等维度划分出大学与学位授予学院；巴基斯坦高等教育指导委员会高校设置制度标准也突出了量化指标，运用量化叙述的准确性明确高校设置标准，同时，也结合质性指标的延展性优势，真正保障了高校办学权益，推动高等教育有序变革。对比巴基斯坦正反两方面的改革经验可以得知，改革的落脚点仍在执行层面，需充分保障可操作性以落实改革。第一，教育改革方案要科学，方案制定是方案落实的前提基础，未经反复推敲、科学论证就要硬上马，不仅事倍功半甚至适得其反，造成人力、财力、物力的浪费，而且会削弱教育管理门、制度法规的权威性；第二，教育方案要具可操作性，可操作性是方案落实的关键抓手，制度改革指向对教育实际的作用，要明确执行主体、执行对象、执行方式，要明晰落地标准、评判机制、保障机制；第三，改革配套条件要满足，资源配套是方案落实的必要保障，落实教育改革是一项动态变化过程而不只是最终成果，教育改革方案的落地不仅仅指某一套方案，而是与之相匹配的资源同步推进的结果。

括而言之，巴基斯坦75年的教育变革实践既有改革成果也有经验教训，对我国正在进行的高等教育改革大有裨益：第一，正确看待高等教育改革，发展是前进的、上升的运动，客观教育环境、教育实践在不断变化，教育制度与体系就要与之相应调整，而且要善于在失败中总结经验，高等教育质量才能得以保证。第二，强化中央调控，要想保证高等教育的均衡性，强有力的协调必不可少，巴基斯坦在高等教育改革中由分管而治逐渐向中央集权靠拢，极大地推进了改革进程。第三，增强大学自治权，提升大学自治地位，减少不必要的外部管理是办学质量保障、高等教育健康发展的最佳选择。第四，注重高等教育改革方案可行性，方案的制定、执行与配套三者缺一不可，要保证方案层面的合理性、执行层面的可操作性与落实必备条件的配套。

参考文献

[1] 陈恒敏. 巴基斯坦高等学校的发展沿革及其类型特点探析 [J]. 南亚研究季刊, 2018（1）: 53-60+5. DOI: 10.13252/j.cnki.sasq.2018.01.008.

[2] Ashraf Muhammad Azeem, 杨美佳, 张玉凤. 巴基斯坦高等教育治理改革的现状与展望 [J]. 大学教育科学, 2020（6）: 72-78.

[3] 陈大兴. 教学学术是大学教师专业发展的核心 [J]. 评价与管理,

2013, 11（3）：21-22.

［4］刘进，徐丽."一带一路"沿线国家的高等教育现状与发展趋势研究（八）——以巴基斯坦为例［J］.世界教育信息，2018（13）：24-27+45.

［5］田雪枫.巴基斯坦学校教育系统的概况、现状及特点研究［J］.世界教育信息，2021（5）：38-46.

［6］陈恒敏，古尔扎·阿里·沙阿布哈里.巴基斯坦高等学校设置制度：缘起、程序及标准［J］.比较教育研究，2017（7）：19-26+33.